Copyright © 2011, Editora WMF Martins Fontes Ltda.,
São Paulo, para a presente edição.

1.ª edição 2011

Tradução do grego
Iris Borges B. da Fonseca
Acompanhamento editorial
Luzia Aparecida dos Santos
Revisões gráficas
Sandra Garcia Cortes
Helena Guimarães Bittencourt
Edição de arte
Casa Rex
Produção gráfica
Geraldo Alves
Paginação
Casa Rex
Capa
Casa Rex

Dados Internacionais de Catalogação na Publicação (CIP)
(Câmara Brasileira do Livro, SP, Brasil)

Plutarco
    Como distinguir o amigo do bajulador / Plutarco ; foto Erica
Suzuki ; tradução Ísis Borges B. da Fonseca. – São Paulo : Editora WMF
Martins Fontes, 2011. – (Coleção ideias vivas)

    Título original: Bibliografia.
    ISBN 978-85-7827-350-7

    1. Plutarco – Crítica e interpretação 2. Plutarco – Ética I. Suzuki,
Erica. II. Título. III. Série.

10-11768   CDD-171

Índices para catálogo sistemático:
1. Plutarco : Sistemas éticos : Filosofia moral   171

Todos os direitos desta edição reservados à
Editora WMF Martins Fontes Ltda.
Rua Conselheiro Ramalho, 330 01325-000 São Paulo SP Brasil
Tel. (11) 3293.8150 Fax (11) 3101.1042
e-mail: info@wmfmartinsfontes.com.br http://www.wmfmartinsfontes.com.br

Impressão e acabamento: Yangraf Gráfica e Editora

coleção idealizada e coordenada por **Gustavo Piqueira**

PLUTARCO Como distinguir o amigo do bajulador
fotos **Erica Suzuki**
tradução **Ísis Borges B. da Fonseca**

são paulo 2011

O amor-próprio é o começo da bajulação, prática irreligiosa por excelência.

1 Quando um homem dá sem cessar, em palavras, provas de amor-próprio, meu caro Antíoco Filopapo, Platão observa que todos o desculpam; entretanto esse sentimento, acrescenta ele, entre uma pletora de vícios muito diferentes, contém um muito importante que impede que ele tenha sobre si mesmo um julgamento íntegro e imparcial. "Com efeito, o amante é cego a respeito do que ele ama", a menos que tenha aprendido, por um estudo especial, a habituar-se a apreciar e procurar o belo, de preferência ao inato e ao familiar. No seio da amizade, eis que se abre ao bajulador um vasto campo de ação: nosso amor-próprio é para ele um terreno de acesso inteiramente propício à investigação sobre nós; por causa desse sentimento, cada um de nós é o primeiro e o maior adulador de si próprio, não hesitando em confiar no bajulador estranho de quem espera ter a aprovação para confirmar suas crenças e desejos. Com efeito, aquele que é acusado de gostar da bajulação não passa de um homem perdidamente enamorado de si, que, pela paixão que a si mesmo dedica, deseja e crê possuir todas as qualidades; ora, se o desejo é natural, a crença é, entretanto, arriscada e reclama bastante circunspecção. Mas, supondo-se que a verdade seja divina e seja, segundo Platão, o princípio "de todos os bens para os deuses e de todos os bens para os homens", o bajulador está muito arriscado a ser inimigo dos deuses e sobretudo do deus Pítico, pois não deixa de estar em contradição com o "conhece-te a ti mesmo", iludindo cada um quanto à sua própria pessoa e tornando-o cego, no que diz respeito a si mesmo, e às virtudes e aos vícios que lhe concernem, pois torna as primeiras imperfeitas e inacabadas, os outros, totalmente incuráveis.

O bajulador, esse parasita das naturezas nobres, está atento aos reveses da sorte.

2 Se nessas condições o bajulador, como qualquer outra corja, atacasse ordinariamente ou essencialmente as naturezas vulgares e medíocres, seria menos temível, e mais facilmente nos defenderíamos dele. Mas, assim como os vermes penetram de preferência nas madeiras tenras e odoríferas, da mesma maneira são os corações generosos, honestos e bondosos que acolhem o bajulador e o nutrem, quando se prende a eles. Não é tudo: como disse Simônides, "a criação dos cavalos não supõe uma Zacinto mas terras férteis"; assim a bajulação evidentemente não acompanha os indigentes, os anônimos ou os desprovidos de recursos, mas faz que periclitem e se destruam as casas e as empresas importantes, chegando mesmo, com frequência, a derrubar as realezas e os impérios. Assim, não é uma questão irrisória a exigir apenas uma migalha de previdência o espreitar suas manobras para apanhá-la em flagrante e impedi-la de prejudicar e de tornar suspeita a amizade. Os parasitas, com efeito, afastam-se dos moribundos e abandonam os cadáveres em que se coagula o sangue de que se nutrem; quanto aos bajuladores, eles desdenham o relacionamento com o que existe de árido e glacial, mas, seduzidos pela glória e pelo poder, fartam-se disso e fogem o mais depressa possível, quando a roda da fortuna muda de posição.

Mas deve-se evitar esperar até a realização dessa experiência, que é inútil, ou, antes, prejudicial e perigosa: é triste, quando chega o momento de recorrer a seus amigos, perceber que não são amigos e que não é possível trocar um coração desonesto e pusilânime por um coração sincero e constante. Ora, o amigo é como peças de moeda: é preciso pô-lo à prova antes de recorrer a ele, e não esperar que seja esse recurso que nos desiluda. Com efeito, não é após ter sido enganado, mas precisamente para não sê-lo, que devemos pôr à prova e desmascarar o bajulador; sem isso teremos a mesma sorte que aqueles que degustam antecipadamente venenos mortais e só julgam seu efeito à custa de sua saúde e sua vida.

De fato, não louvamos esses imprudentes assim como não aprovamos aqueles homens que, admitindo por princípio que um amigo deve unicamente buscar o honesto e o útil, creem, quando se dá prova de amenidade nas relações com as pessoas, que se recebe imediatamente a acusação de ser bajulador. Um amigo não poderia ser nem duro nem intratável, e não é a acrimônia nem a austeridade que fazem a nobreza da amizade. Ao contrário, essa dignidade mesma e essa beleza que a caracterizam consistem em sua doçura e em seus encantos.

"É perto dela que as Graças e o Desejo habitam",

aliás não é somente para os infelizes, como diz Eurípides,

"que é doce, fitando seu amigo, encontrar seus olhos";

mas a amizade acrescenta tanto prazer e encanto aos sucessos quanto tira sofrimento e embaraços dos reveses. E, segundo disse Eveno, assim como o fogo é o melhor dos condimentos, da mesma maneira, misturando a amizade à vida, a divindade espalhou brilho, doçura e ternura por toda a parte em que a amizade colabora com o prazer. Com efeito, se a amizade não mostrasse nenhuma condescendência em sua relação com o agradável, seria difícil compreender por que o bajulador procuraria insinuar-se entre nós através dos prazeres. Mas, de fato, a exemplo do ouro falso ou do metal de baixo quilate, esses sucedâneos do brilho e das cintilações do ouro verdadeiro, o bajulador, imitando a doçura e a boa vontade do amigo, cuida de parecer sempre divertido e expansivo: não se opõe a nada, jamais contradiz. Não se deve, então, desde que alguém nos louve, suspeitar de que deseja nos bajular, pois o elogio é tão conveniente para a amizade quanto a censura no momento oportuno. Digo mais: um excesso de acrimônia ou de azedume não se concilia nem com a amizade nem com a urbanidade. Ao contrário, quando a benevolência concede com liberalidade e solicitude os elogios devidos ao bem, recebem-se pacientemente e sem tristeza admoestações e reprimendas plenas de franqueza, que são ouvidas com confiança e acolhidas com reconhecimento, na convicção de que são necessárias, pois que vêm de um homem que louva tão prazerosamente quanto censura contra sua vontade.

É difícil distinguir do amigo o hábil bajulador.

3 "É, portanto, difícil", pode dizer alguém, "distinguir do amigo o bajulador", se nem o prazer nem o elogio são o critério distintivo entre eles, pois em matéria de amabilidades e pequenas liberdades a bajulação evidentemente vai mais longe que a amizade; responderemos: Por que então? Não é um trabalho de fôlego ir no encalço do verdadeiro bajulador, daquele que sabe exercer seu ofício com talento, como homem hábil, e não prodigalizar esse nome, como faz a maior parte dos homens, a esses "parasitas", a esses "papa-jantares" ou a essas pessoas que, como dizia alguém, fazem ouvir sua voz somente após a abdução das mãos? Essas pessoas, não estamos inclinados a olhá-las como bajuladoras: o aviltamento de seu caráter manifesta-se desde o primeiro serviço, após o primeiro copo, através de alguma

pilhéria ou alguma indecência. Teria sido inútil, por exemplo, desmascarar Melântio, parasita de Alexandre de Feras, que quando lhe perguntavam de que maneira Alexandre tinha sido apunhalado não se envergonhava de responder: "com um golpe que lhe atravessou o flanco e que visava ao meu estômago"; o mesmo acontece com esses assediadores que giram sem cessar em torno de uma mesa bem provida, e que "nem a chama, nem o ferro, nem o bronze poderiam afastar de um jantar"; ou então ainda com essas aduladoras cipriotas que, após terem passado pela Síria, foram apelidadas escabelos, porque vergavam a espinha para ajudar as esposas dos reis a subirem no carro.

Os mais hábeis são os que sabem dissimular: dificilmente são identificados.

4 Qual é então o bajulador de quem se deve desconfiar? Seria aquele que não quer parecer nem se confessar tal, aquele que não é jamais surpreendido em furtos em volta das cozinhas, que não é apanhado de improviso enquanto mede as sombras e calcula a hora do jantar, que não cai morto de bêbedo na primeira ocasião? De fato, o verdadeiro bajulador, na maior parte do tempo, cultiva a abstinência ao mesmo tempo que a intriga: crê dever imiscuir–se em vossas atividades, quer partilhar vossos segredos; em suma, desempenha seu papel de amigo como trágico e não como bufão ou ator cômico. Com efeito, diz Platão, "o cúmulo da injustiça é querer passar por justo sem ser". Deve-se igualmente considerar que a mais perniciosa bajulação não é a que se mostra, mas a que se oculta, nem a que diverte, mas a que é séria: pois ela torna suspeita a verdadeira amizade, com a qual acontece frequentemente confundir-se, se não se toma cuidado. Góbrias, num dia em que perseguia

O cúmulo da injustiça é querer passar por justo sem ser

o Mago, caiu num cômodo escuro e travou-se aí um duelo árduo; ora, vendo que Dario se mantinha lá, na expectativa, gritou-lhe que desferisse golpes, mesmo com o risco de perfurar os dois. Mas nós, que não podemos de maneira alguma adotar o provérbio *pereça o amigo com o inimigo*, se desejamos arrancar do bajulador essa máscara de amizade que é para ele aparentemente consubstancial, temos de temer sobretudo dois riscos: repelir o útil ao mesmo tempo que o mau ou expor-nos a algum dissabor, poupando o objeto de nossa afeição. De fato, assim como de todas as sementes selvagens que, na peneira, se acham misturadas ao frumento, as mais difíceis de separar são as que se assemelham a ele por sua forma e seu tamanho (visto que não caem separadamente se os orifícios da peneira são muito estreitos, e que passam com o resto, se as malhas são demais flexíveis), da mesma maneira é muito difícil fazer distinção entre uma e outra, a tal ponto a bajulação quer tomar parte em cada emoção, cada movimento, cada prática e cada hábito da amizade.

Astúcias do bajulador.

5 A amizade é o que há de mais doce no mundo e nada nos traz mais alegria; eis por que o bajulador usa dos prazeres para fins de sedução e é o homem dos prazeres. É igualmente porque a vontade de obsequiar e de se tornar útil caminha na esteira da amizade (a ponto de um amigo, diz--se, ser mais indispensável que o fogo e a água) que o bajulador, entregando-se aos bons ofícios, se dedica sem cessar a ostentar zelo, diligência e prontidão. O que fundamenta antes de tudo a amizade é a identidade dos regimes de vida e a semelhança dos costumes; e, geralmente, a similitude dos gestos e das aversões é a primeira coisa que

nos liga e nos prende, através das sensações. O bajulador percebe-o perfeitamente; e, como um objeto que se talha, ele se transforma e se modela, adaptando-se e conformando-se, por imitação, àqueles de quem procura ganhar o coração. Flutuante em sua metamorfose e convincente em suas imitações, ele poderia fazer pensar nesta frase: "Não! Não és o filho de Aquiles, mas o herói em pessoa." Mas eis o que em toda artimanha é o mais hábil: o que se chama, certamente, de linguagem franca ele observa que é a linguagem característica da amizade, como se falaria da linguagem própria de uma criatura, enquanto a falta de franqueza denota, segundo ele, indiferença e baixeza. E sem negligenciar essa imitação das aparências, a exemplo desses cozinheiros talentosos que, para evitar a repugnância dos molhos adocicados, se servem de um condimento de sucos picantes e amargos, os bajuladores afetam uma sinceridade que não é nem espontânea nem salutar, que nos lança um clarão ameaçador, no espaço de um franzir de sobrancelhas, e só o que faz é afagar o amor-próprio. Assim, a personagem dificilmente é surpreendida e assemelha-se àqueles animais que, tendo a faculdade de mudar de cor, tomam a da matéria ou do lugar em que se encontram. Mas, como o bajulador nos ilude, como se cobre com um manto de aparência enganosa, cabe-nos desmascará-lo, assinalando as diferenças que o caracterizam, e desnudá-lo, a ele "que se enfeita", como diz Platão, "de cores e formas de empréstimo, na falta das que lhe são próprias".

A semelhança dos gostos está na origem da amizade: o bajulador a dissimula.

6 Examinemos, pois, a questão desde o início. A fonte da amizade, nós o afirmamos, é geralmente um temperamen-

to e uma natureza que reagem em concordância, que apreciam atitudes e hábitos morais de mesmo valor e que se comprazem nas mesmas atividades, nas mesmas questões, nos mesmos divertimentos. É a propósito disso que se diz:

"O velho ao velho por seus discursos sabe agradar,
e a mulher à mulher, e a criança à criança,
o doente ao doente; e, quando o indigente
encontra seu semelhante, sente menos sua miséria."

Sabendo que é no prazer advindo de objetos semelhantes que as relações da amizade e da afeição têm sua origem, o bajulador trata primeiro de aproximar-se de cada um por esse meio e de se instalar a seu lado, a exemplo daquele que aproveita o espaço de algumas pastagens para domesticar um animal selvagem. Adianta-se insensivelmente fingindo ter as mesmas atividades, os mesmos lazeres referentes a disciplinas idênticas, os mesmos cuidados, os mesmos modos de vida, depois ele se imbui disso até que o outro largue mão, se deixe amansar e aceite sem pesar sua mão acariciante. Ele não cessa de censurar tudo o que julga desagradável ao outro, ocupações, maneiras de vida, indivíduos; e apresenta-se, pelo contrário, como louvador do que faz o deleite de sua vítima, mas seu elogio, que não cai na moderação, soçobra sobretudo na hipérbole e no encantamento entusiasta. Em último lugar, ele reforça as admirações e as antipatias que finge ter, atribuindo-as mais à razão que à paixão.

Inconstante e volúvel, tal é o bajulador.

7 Como então desmascará-lo? E por quais matizes distinguir aquele que não é nem se tornou nosso semelhante, e entretanto quer passar por tal? Primeiro, é preciso examinar se seus princípios são duráveis e inabaláveis; se ele se compraz

sempre com as mesmas coisas, e se as aprova; enfim, se sua vida é regrada, e dirigida num mesmo e único plano, como convém ao que procura, guiado por seu livre-arbítrio, uma amizade apoiada na conformidade dos costumes e dos caracteres, pois tal é o verdadeiro amigo. Quanto ao bajulador, como homem cuja psicologia não tem consistência, ele leva uma vida apoiada na exigência de um outro e não na sua própria exigência; e é na imitação desse outro que se acomoda e se modela; por isso, longe de ser simples e uno, é múltiplo e variado, inconstante como um fluido que é transvasado e que, passando de uma forma para uma outra, muda de contornos e de configuração segundo o recipiente que o recebe. O macaco empenha-se em imitar o homem e deixa-se apanhar quando se agita e se saracoteia em sua presença; quanto ao bajulador, ele engana os outros e os apanha na armadilha de um mimetismo que, longe de ser uniforme, o leva a cantar e a dançar com um, ou a lutar e cobrir-se de poeira com o outro. Se quer agradar àquele que só gosta de caça e de cães, segue o seu rasto, quase bradando como Fedra:

> *"Sim, estou impaciente, ó grandes deuses,*
> > *[por atiçar com a voz*
> *e instigar minha matilha contra cervos em desespero!"*

De fato, não se importa com a caça, é o caçador que ele persegue e quer prender em sua rede. Se ele persegue em compensação um jovem letrado e estudioso, não deixa mais os livros, sua barba desce até aos pés, seu único cuidado é ostentar o burel e a indiferença do filósofo, tem sem cessar na boca os números e os triângulos retângulos de Platão. Mas, se se apresenta por sua vez um indolente, beberrão e, além disso, rico,

"Então o judicioso Ulisses se despojou de seus andrajos", o burel é arremessado, a barba é escanhoada como uma seara estéril. Já só se cuida de baldes para refrigerar, taças, risos nos passeios e escárnios contra os filósofos. Assim, diz-se, quando Platão chegou outrora a Siracusa, e a mania inveterada da filosofia se tinha apoderado de Dionísio, o palácio estava tomado pela poeira que uma multidão de geômetras amadores levantava; mas, depois que Platão caiu em desgraça e que Dionísio, enfastiado da filosofia, tornou a cair em sua paixão do vinho, das mulheres, das frivolidades e da libertinagem, todos os seus cortejadores, metamorfoseados como por um filtro de Circe, retornaram à ignorância, à negligência e à estupidez. Tal foi igualmente a conduta desses mestres na bajulação e desses demagogos cujo modelo incontestável foi Alcibíades: em Atenas, ele representava os trocistas, criava cavalos e levava uma vida cheia de jovialidade e elegância; na Lacedemônia, tinha a cabeça rapada, usava um manto gasto e tomava banhos frios; na Trácia, guerreava e entregava-se à bebida; e, quando chegou à corte de Tissafernes, rendeu-se à volúpia, à efeminação e à jactância! De toda maneira, ele bajulava o povo e obtinha os favores de todos, identificando-se com eles e adaptando-se a seus costumes. Bem diferentes foram Epaminondas e Agesilau; embora tivessem estado em contato com um grande número de homens, cidades e costumes, permaneceram fiéis a seu estilo pessoal, na arte de se vestir, em seu regime alimentar, em seus hábitos linguageiros e em seu modo de vida. Da mesma maneira, Platão foi em Siracusa tal qual na Academia, e perante Dionísio tal qual perante Díon.

Como discernir o bajulador: primeiro indício de reconhecimento, as variações.

8 Mas é muito fácil reconhecer as metamorfoses desse polvo que é o bajulador: é preciso que a própria pessoa afete inconstância, censurando o gênero de vida que antes louvava e aceitando, como sob o império de um súbito entusiasmo, atividades, comportamentos, maneiras de falar que desaprovava. Ver-se-á efetivamente que ele não tem nada de constante, nada que lhe seja particular, e que não é através do prisma de uma afeição pessoal que ama ou odeia, que se alegra ou se aflige; ao contrário, ver-se-á que reflete, como um espelho, a imagem das paixões, dos comportamentos e atividades de outrem. Queixas-te de um amigo em sua presença? Ele é capaz de responder por exemplo: "Tardaste em desmascarar esse indivíduo; quanto a mim, antes já me desagradava!" Mas se, inversamente, mudas de opinião e o cobres de elogios, então, por Zeus, objetará impetuosamente: "Compartilho tua satisfação, felicito-te por essa criatura e faço-o no meu próprio nome, pois tenho plena confiança nele!" Falas em mudar de vida, por exemplo em deixar a vida política pelo repouso e pela tranquilidade: "Há muito tempo", diz ele, "pensei que devíamos nos afastar do tumulto e da malevolência." Mas pensas em lançar-te de novo na carreira política, em retornar ao foro? Como teu eco ele diz: "Eis sentimentos dignos de ti; o ócio não é sem encanto, concordo, mas é pouco glorioso, e aviltante!" É preciso, então, dizer logo a um tal indivíduo:

"Vejo-te, estranho, diferente de há pouco!"

Que devo fazer de um amigo que segue todos os meus movimentos e que opina sem cessar de acordo comigo: minha sombra nesse particular faz isso melhor que ele. Quero alguém que procure comigo a verdade e me ajude a decidir. Aí está, portanto, uma das maneiras de reconhecer o bajulador.

Segundo indício: o bajulador confunde todos os valores morais.

9 Mas, vizinha dessas tentativas de identificação com suas vítimas, há uma outra diferença do mesmo estilo que é preciso observar: o verdadeiro amigo não é um imitador patente de tudo o que nos concerne, nem um louvador arrebatado: louva somente o referente ao melhor. E como diz Sófocles ele é feito para

"compartilhar nosso amor, mas não nosso ódio",

e, grandes deuses, para compartilhar conosco sucessos dignos e um amor do belo, sem ser por isso o cúmplice de nossos erros e nossas fraquezas. E, entretanto, quem sabe se – fato corrente em caso de oftalmia – um fluxo contagioso, resultante da convivência com outras pessoas e da vida em comum, não vos encherá a contragosto de maus hábitos e erros. Assim, os íntimos de Platão, pelo que se diz, imitavam seu dorso arqueado, os de Aristóteles faziam-se gagos à semelhança dele, e os do rei Alexandre inclinavam a cabeça e falavam com voz rouca na conversação. É bem verdade que alguns indivíduos se pautam à porfia e de maneira inconsciente pelos costumes e maneira de viver daqueles que frequentam. Mas, quanto ao bajulador, ele é inteiramente semelhante ao camaleão, que pode assumir todas as cores exceto a branca; e, se não lhe é possível chegar a uma exata parecença nos domínios dignos de sua obstinação, não deixa de imitar tudo o que é

VII. A esse respeito, os pintores sem talento, cujo pincel é incapaz de reproduzir os belos traços, detêm-se na minuciosa representação das rugas, efélides e cicatrizes. À semelhança desses, o bajulador finge reproduzir a intemperança de seu modelo, sua superstição, sua cólera, sua aspereza para com os domésticos, sua desconfiança contra os familiares e os próximos, pois suas inclinações naturais o levam espontaneamente ao vício, e ele nos imita de propósito no mal, para parecer, ainda menos, que pensa censurar-nos por isso. Com efeito, todo aquele que não se prende a um ideal de virtude é suspeito de odiar e condenar os erros de seus amigos: suspeita que causou sozinha a perda e a ruína total de Díon no espírito de Dionísio, de Sâmio no de Filipe, de Cleômenes no de Ptolomeu. Mas o bajulador que quer ser semelhante a nós, e mais ainda parecê-lo, sabe agradar-nos e ganhar nossa confiança. Apoia-se no que chama seu inteiro devotamento a não censurar o vício e a simpatizar conosco e partilhar nossas afinidades em todas as coisas. Os aduladores, portanto, não querem ficar alheios nem mesmo ao que é involuntário ou casual. E, quando fazem sua corte aos doentes, fingem sofrer as mesmas doenças, simulando vista fraca ou difícil audição, se os que eles frequentam são quase surdos ou não veem absolutamente nada. Assim, os bajuladores de Dionísio, quando sua vista começou a enfraquecer, andavam aos encontrões entre eles e, à mesa, derrubavam os pratos. Alguns vão mais longe no trabalho: querem transformar-se até ao âmago da alma e impregnar-se das mais íntimas e secretas paixões dos homens que bajulam. Informados de uma infelicidade conjugal ou de desavenças com filhos ou domésticos, logo, sem poupar a si mesmos, eles se lamentam da aflição que lhes causam seus próprios filhos, sua mulher, seus parentes e seus amigos, e fazem novas censuras, sob a forma de confidências. A semelhança, com efeito, consolida a comunidade dos sentimentos e, depois de ter de alguma maneira recebido garantias, faz-se aos bajuladores alguma confissão secreta; desde então um relacionamento se estabelece entre os interessados e teme-se perder a confiança. De minha parte conheço um bajulador que repudiou sua mulher sob o pretexto de que seu amigo tinha mandado embora a sua. Mas, como continuava a vê-la secretamente e a receber suas visitas, sua artimanha foi descoberta: foi a mulher do amigo que a desvendou. Assim, era preciso conhecer muito mal o bajulador para pensar que os jambos seguintes lhe convinham mais que ao caranguejo:

> *"todo seu corpo não é senão ventre e seus olhares*
>
> *[perspicazes*
>
> *penetram em toda parte; ele rasteja com seus dentes";*

pois aí está o retrato do parasita, o retrato

> *"de um desses amigos de frigideira e de pós-refeição",*

como diz Êupolis.

Terceiro indício: ele se deixa ultrapassar.

10 Mas, quanto a esse assunto, atenhamo-nos à parte do nosso tratado que lhe é reservada. Há todavia, em matéria de imitação, um artifício do bajulador que não devemos omitir: embora imite alguma boa qualidade, deixa à sua vítima a preeminência, pois os verdadeiros amigos não são animados mutuamente de nenhuma rivalidade, de nenhum ciúme: quaisquer que sejam seus sucessos, iguais ou desiguais, eles não concebem nem impaciência nem orgulho. Mas o bajulador, sempre atento a desempenhar apenas um papel secundário, não aspira jamais à igualdade e confessa

que é ultrapassado e precedido em tudo, exceto no mal, pois então ele disputa o primeiro lugar. Estais de mau humor? Ele se diz melancólico. Sois supersticioso? Ele se diz fanático. Estais enamorado? Ele está louco de amor. "Ristes inoportunamente?", diz ele, "mas eu quase rebentei de rir." Nas qualidades louváveis, é o contrário: ouve-se dele que "é rápido na corrida, mas vós tendes asas", "sabe manejar seu cavalo, mas ele não é nada em comparação a um centauro tal como vós", "tenho inspiração poética", dirá ele, "e componho suficientemente bem o hemistíquio,

mas não tenho o raio que é próprio de Zeus",

pois ele pensa ao mesmo tempo valorizar o gosto de seu interlocutor, imitando-o, e prestar homenagem a seu talento superior, cedendo-lhe a palma. Tais são os traços distintivos que separam o bajulador do amigo, no mundo da imitação.

O objetivo da bajulação: agradar a todo custo.

11 Mas, visto que o prazer, como foi dito, é um fator comum (pois o homem de bem se regozija com seus amigos tanto quanto o corrupto com seus bajuladores), tentemos fazer também neste ponto a distinção. Ela consiste em relacionar o prazer com o seu fim. Considera o problema sob este ângulo: o perfume e o antídoto têm ambos uma doce fragrância, com a diferença de que um é bom apenas para agradar ao olfato, enquanto o outro, essencialmente purgativo, calorífero ou cicatrizante, é apenas casualmente odorífero. Outro exemplo: os pintores obtêm por mistura cores e tintas brilhantes, mas há também drogas medicinais cujo aspecto é brilhante e cuja cor nada tem de desagradável. Onde está então a diferença? Evidentemente será a finalidade de seu emprego que nos fará distingui-los. Da mesma maneira, os atrativos que presi-

dem à amizade, além de comportarem nobreza e utilidade, têm um encanto que é como sua flor, e ora um divertimento, a mesa e o vinho, ora, por Zeus, o riso e as conversas galhofeiras serviram por assim dizer de condimento para assuntos honestos e sérios! É o que faz um poeta dizer:

"Deleitavam-se uns com os outros em assuntos alegres",

e

"que outra desavença, perturbando nossos dois corações, teria alterado as doçuras de uma amizade tão terna?".

Mas, quanto ao bajulador, seu trabalho, seu único propósito é preparar e tramar cautelosamente um gracejo, real ou verbal, por prazer ou para o prazer. Em resumo, ele crê dever fazer tudo para ser agradável, enquanto o amigo, realizando sempre o necessário, é frequentemente agradável, mas é também causa de desprazer. Não que deseje ser desagradável, mas, se vê que é melhor sê-lo, também não recua nem diante dessa necessidade.

Com efeito, assim como um médico, no caso de ser útil, aplica o açafrão e o nardo e, por Zeus, prescreve muitas vezes banhos agradáveis ou uma alimentação saborosa, mas por vezes deixa de lado esses remédios e vos enche de castóreo

"ou de pólio malcheiroso, de odor fétido",

ou vos obriga a beber eléboro em pó sem ter a intenção de vos prejudicar, tanto como não tinha desejado antes vos agradar, pois que, num caso como no outro, o interesse de vossa saúde é que o tinha guiado; da mesma maneira, o amigo saberá às vezes te prodigalizar elogios e discursos gentis para te conduzir ao bem, como faz este:

"Teucro, criatura amada, filho de Télamon, chefe de
[guerreiros,
arremessa assim tua lança...",

Com efeito, se se faz sofrer aquele que se ama, é preciso que seja em seu interesse e sem destruir a amizade por palavras desagradáveis. A censura mordaz não deve passar de um remédio destinado a salvar e a proteger aquele de quem se cuida.

ou este outro:

"Como poderia te esquecer, depois disso, caro Ulisses?"

E, quando houver necessidade de corrigir, de atacar com uma palavra incisiva e uma franca liberdade cheia de solicitude, ele não hesitará em dizer:

"Filho de Zeus, Menelau, estás perdendo a razão?
Não é a ti que convém tal loucura..."

Há mesmo certas ocasiões em que o amigo une o gesto à palavra: assim Menedemo, vendo que o filho de seu caro Asclepíades levava uma vida de devassidão e libertinagem, reconduziu-o à ponderação, fechando-lhe sua porta e recusando-lhe o cumprimento. Da mesma maneira Arcesilau proibiu a entrada em sua escola a Báton, que, numa comédia, tinha inserido um verso satírico contra Cleantes; foi preciso o perdão concedido por este último assim como o arrependimento do ofensor para que se efetuasse a reconciliação. Com efeito, se se faz sofrer aquele que se ama, é preciso que seja em seu interesse e sem destruir a amizade por palavras desagradáveis. A censura mordaz não deve passar de um remédio destinado a salvar e a proteger aquele de quem se cuida. É por isso que, como um músico, o amigo sabe, em vista do belo e do útil, modificar o tom de seu instrumento: ora afrouxa as cordas, ora as aperta; ele é, com frequência, agradável, é sempre útil. Mas o bajulador, que tem apenas uma corda, a do prazer e do encantamento, está acostumado a fazê-la ressoar sozinha. Não conhece o sentido de um ato de oposição, de uma palavra contraditora; escravo das vontades de outro, fala e canta sempre em uníssono. Xenofonte conta que Agesilau recebia com muito gosto os elogios daqueles que na ocasião podiam censurá-lo. Podemos assim crer nas doçuras e nas complacências de um amigo que pode, se necessário, oferecer-nos resistência e desagradar-nos. Mas consideremos suspeita a amizade de um homem que somente se aplica a bajular nossas tendências e nossos prazeres, sem ter jamais a coragem de nos censurar. E, na verdade, deve-se ter presente no espírito essa tirada de Lácon que, ouvindo um panegirista do rei Carilo, exclamou: "Pois quê! Ele, que nem mesmo com os perversos é ríspido, pode ser um homem de bem?"

Perigo dos louvores que dão ao vício o nome da virtude.

12 Diz-se que o moscardo penetra nas orelhas dos touros e a carraça nas dos cães. Os ambiciosos têm seu inseto, que é o bajulador. Ele apodera-se da orelha deles, lisonjeando-os; aí se fixa; e dificilmente é arrancado para ser esmagado. É, portanto, necessário, em semelhante caso, recorrer a um julgamento cuidadoso e esclarecido para distinguir se ele louva nossas ações ou nossa pessoa. Reconhecer-se-á que o louvor é atribuído ao ato, se concerne a ausentes mais que a presentes, se emana de pessoas que também têm a mesma vontade ou o mesmo ideal, se não nos concerne a nós em particular, mas se se dirige também a todos que agiram de maneira semelhante, se não visa a pessoas que mudam sem cessar de opinião, e enfim eis o critério decisivo, se temos nós próprios consciência de não lamentar o que nos acarreta esses elogios, de não nos envergonharmos e de não preferirmos ter feito ou dito o contrário, pois trazemos em nós um tribunal diante do qual nós nos julgamos, cada um por sua vez. Ora, esse tribunal não admite o elogio: ele é impassível, inacessível, e o bajulador não pode de repente aí preponderar. Mas não sei como acontece que os homens, em sua maioria, quando são infelizes, não dão

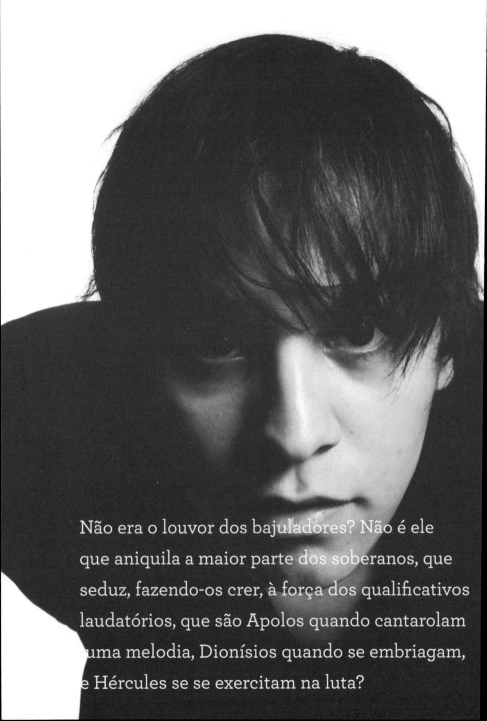

Não era o louvor dos bajuladores? Não é ele que aniquila a maior parte dos soberanos, que seduz, fazendo-os crer, à força dos qualificativos laudatórios, que são Apolos quando cantarolam uma melodia, Dionísios quando se embriagam, e Hércules se se exercitam na luta?

ouvidos às consolações, e se deixam sobretudo levar por seus companheiros de infortúnio e lamentações; e, quando cometem um erro e faltam a algum dever, aquele que por suas críticas e censuras procura inspirar-lhes um arrependimento salutar parece a seus olhos inimigo e acusador. Se lhes dirigimos, ao contrário, louvores, se os felicitamos por sua conduta, eles desfazem-se em abraços e tomam essa aprovação por um sinal de benevolência e amizade. Sem dúvida, os que estão sempre prontos a elogiar ou aplaudir uma ação ou palavra isolada, seja ela séria ou divertida, e acerca de não importa qual assunto, essas pessoas, digo, são nocivas apenas no presente e de imediato. Mas, quando por esses elogios se atinge o caráter, e quando as bajulações chegam a atacar, justo céu, o próprio moral, faz--se então como aqueles escravos que roubam trigo, não quando ainda está na espiga, após a ceifa, mas na parte que é destinada à semeadura. De fato, são as disposições da alma, isto é, a semente de nossos atos, princípio e fonte de vida, que os bajuladores corrompem, dando aos vícios os nomes das virtudes. Nas sedições e nas guerras, escreve Tucídides, "os homens, para qualificar os atos, chegaram a modificar arbitrariamente o sentido habitual das palavras. A audácia insensata é tida por coragem e generoso devotamento aos seus, o oportunismo prudente, por covardia dissimulada sob aparências dignas, e a moderação, por máscara da pusilanimidade; o homem de espírito, bastante aberto para abarcar os aspectos de uma situação, era julgado inapto à ação".

Na boca do bajulador, e é o que se deve saber descobrir se se quer tomar cautela, a prodigalidade chama-se índole liberal, a covardia uma precaução sensata, a instabilidade ligeireza, a mesquinharia um gosto da medida, a paixão amorosa ternura e sensibilidade; ele chama coragem o que é cólera e desdém, benevolência o que é apenas humildade e vileza. Como diz Platão em alguma parte, o enamorado se faz o bajulador dos seres amados. O homem de nariz achatado, diz ele, tem uma fisionomia atraente; o nariz adunco é próprio de um rei; as carnações escuras dão o ar másculo; a tez pálida é a dos filhos dos deuses; quanto a essas epidermes que recebem o epíteto de "cor de mel", são pura invenção dos amantes que se querem deixar enganar e procuram dar um belo nome à palidez do objeto amado. Ora, aquele que se deixa persuadir de que é belo quando é feio, e grande quando é pequeno, não poderia ser enganado, por muito tempo, com uma pequena ilusão, cujo prejuízo é insignificante e facilmente reparável. Mas que terríveis consequências tem comumente esse louvor que, acostumando-nos a olhar nossos vícios como virtudes, a nos regozijar com isso em vez de nos afligir, tira ao mal a vergonha que ele naturalmente deve inspirar. Esse louvor causou a ruína completa dos sicilianos por qualificar a crueldade de Dionísio e de Fálaris de "ódio pelos maus" e de "equidade". Ocasionou a perda do Egito chamando de piedade e devoção a efeminação de Ptolomeu, sua superstição, seus berros fanáticos, os ruídos estridentes das danças e dos tamborins. Quase derrubou e destruiu, nos últimos séculos, o Império Romano tão admirável, designando como eufemismo o luxo de Antônio; suas libertinagens, suas festas grandiosas como divertimentos agradáveis e alegres enquanto se tratava dos excessos do poder e da fortuna. Que é que ajustava à boca de Ptolomeu forbeia e flauta, que é que preparava para Nero uma cena trágica e o vestia bizarramente pondo-lhe máscara e coturnos? Não era o louvor dos bajuladores? Não é ele que aniquila a maior parte dos soberanos, que seduz, fazendo-os crer, à força dos qualificativos laudatórios, que são Apolos quando cantarolam uma melodia, Dionísios quando se embriagam, e Hércules se se exercitam na luta?

Os artifícios dos bajuladores para disfarçar os elogios.

13 É, portanto, quando o bajulador nos adula que devemos desconfiar. Ele não o ignora e é muito hábil em evitar as suspeitas; se tenta ganhar um homem abastado ou um camponês coberto de uma espessa peliça, ele usa toda zombaria como Estrútias cumulando Bias de graçolas e insultando brutalmente sua estupidez sob a forma de elogios:

"Bebeste mais que o rei Alexandre",

e

"Ah! eu rio, pensando na taça do Cipriota".

Ele põe os elogios na boca dos outros.

Mas, se ele tem de se defrontar com pessoas mais sutis, que são precavidas e estão atentas ao espaço e ao terreno, não dirige nenhum elogio frontal mas leva-o por longos desvios, aproximando-se de suas vítimas ao sabor de um cerco imperceptível, como se faz para domesticar um animal obstinado, tocando-o com a ponta dos dedos. Ora, à maneira dos oradores, ele emprega a prosopopeia e põe vosso louvor na boca de outro, precisando com que prazer extremo encontrou na praça estrangeiros ou respeitáveis velhos que, cheios de admiração por vosso mérito, evocavam vossos numerosos belos atributos. Ora, fingindo relatar uma leve calúnia que ele próprio terá inventado de propósito contra vós, como se a tivesse ouvido de um terceiro, chega solícito para saber em que tempo, em que lugar pudestes cometer um tal ato. E, após um desmentido pelo qual efetivamente espera, aproveita a ocasião para vos apanhar nas redes de seu elogio. "Eu estava, com efeito, admirado de que tivesses falado mal de um amigo, tu que nem aos teus inimigos maldizes; ou que tu te tivesses apropriado de bens alheios, tu que és tão largamente pródigo dos teus!"

O bajulador censura as virtudes que não têm aqueles que ele adula.

14 Outros bajuladores imitam os pintores que fazem sobressair os efeitos de luz de um quadro, justapondo-lhes sombras projetadas e cores escuras: criticando, estigmatizando, dilacerando e ridicularizando os valores contrários, conseguem, sem se trair, celebrar e fomentar secretamente os vícios dos que bajulam. Com depravados, censuram a temperança como sinal de rudeza; diante dos homens cúpidos e sem escrúpulos, que se enriqueceram por meios condenáveis e criminosos, qualificam como pusilânime e incapaz de agir o homem moderado e contente com sua situação. Se se acham com seres indolentes, ociosos, "que evitam o centro das cidades", não se envergonham de definir a administração do Estado como uma ingerência fastidiosa e infrutuosa nos negócios das pessoas, e de qualificar a ambição de miragem estéril. Acrescentemos que, para bajular o orador, menosprezam violentamente o filósofo, e junto das mulheres desavergonhadas disfarçam-se de galantes, dizendo das mulheres virtuosas, exclusivamente ligadas a seus esposos, que elas têm a alma rude e que são insensíveis a Afrodite. Mas o cúmulo da duplicidade é para os bajuladores não poupar nem a si próprios, e que, a exemplo dos lutadores que se abaixam para derrubar seu adversário, eles pas-

sam discretamente da censura de seus próprios defeitos ao elogio de sua vítima: "No mar, sou mais medroso que o último dos escravos; diante das provações, renuncio; se me ofendem, enfureço-me", diz o bajulador, que se apressa em acrescentar: "Ele não se amedronta com nada, nada o magoa, é um homem à parte, suporta tudo com doçura, tudo com equanimidade." Se alguém, tendo uma alta concepção de seu profundo bom senso e querendo passar por firme e austero, afetando uma retidão infrangível, diz a cada instante:

"No elogio e na censura, evitai todo excesso,
Rebento de Tideu...",

não é por aí que nosso hábil bajulador o atacará. Ele mudará de tática com relação a um tal homem: é sobre suas próprias questões, diz ele, que vem pedir-lhe conselho, como a um espírito cujo julgamento é mais esclarecido; sem dúvida, ele tem outros amigos com quem está bem mais ligado; mas é preciso absolutamente que se dirija ao bajulador, embora o importune. E acrescenta: "Onde se pode achar um recurso, quando se tem necessidade de uma opinião? Em quem depositar sua confiança?" Depois, tendo ouvido a resposta do outro, exclama, sem nada examinar, que recebeu um oráculo e não um conselho. Se notou que nosso homem se atribui alguns méritos literários, entrega-lhe uma de suas composições, pedindo-lhe que a leia e a corrija. Alguns cortesãos de Mitridates, vendo que ele amava a medicina, apresentavam-lhe seus membros para que ele os amputasse ou os cauterizasse. Era uma bajulação que residia no gesto, não na palavra, pois aos olhos do monarca a confiança que lhe testemunhavam era uma homenagem à sua habilidade.

"Como são numerosas as formas do divino!"

Essa categoria de elogios que não se reconhecem reclama precauções mais delicadas, e não se podem desmascará–los eficazmente a não ser que se deem expressamente ao bajulador conselhos e recomendações absurdos, e se ofereçam correções despropositadas. Se ele não faz nenhuma objeção, aprova tudo, aquiesce a tudo, e a cada proposição exclama: "Bem! Perfeito!", reconhecer-se-á muito facilmente

*"que fingindo querer receber o sinal de acordo
ele pensa, no fundo, num outro interesse";*

quer unicamente louvar outrem e exacerbar sua vaidade.

Louvor mudo.

15 Outra coisa ainda: alguns apresentaram a pintura como uma poesia muda. Paralelamente, há certos elogios que dizem respeito a uma bajulação muda, pois assim como os caçadores enganam mais seguramente a caça se parecem menos ocupados em querer caçá-la do que em prosseguir seu caminho, guardar os rebanhos ou lavrar, da mesma maneira os bajuladores nunca nos tocam mais vivamente por seus elogios do que quando fingem não nos louvar, mas fazer outra coisa. Ceder seja seu leito à mesa, seja seu assento a um recém-chegado, interromper seu discurso, quando se fala no conselho ou no templo, diante de um homem rico desejoso de falar, e ceder-lhe a tribuna e a palavra, é mostrar por seu silêncio, bem mais energicamente que por todos os protestos do mundo, que alto conceito se forma de sua excelência e de sua capacidade. É por isso que se vê os bajuladores apoderar-se dos primeiros lugares, nas assembleias e nos teatros, não que se julguem dignos de se apossar deles, mas com a intenção de fazer sua corte aos ricos, levantando-se e lhos cedendo. Nos conselhos e tribunais, eles tomam de chofre a palavra, depois se retiram, como em presença de oradores mais autorizados; e, por pouco que seu contraditor seja influente, rico ou renomado, adotam sem dificuldade a opinião contrária.

A derrota voluntária de suas próprias opiniões: o bajulador inclina-se diante da riqueza e do poder.

Eis então a melhor ocasião de desmascarar esse gênero de concessões e de deferências fingidas que seus autores concedem não à experiência, à virtude ou à idade, mas à riqueza e ao crédito. O pintor Apeles replicou a Megábiso que, sentado perto dele, queria falar de desenho e de sombras: "Vês estes meninos que trituram a terra ocre de Lelos? Enquanto estavas calado, eles te prestavam atenção e admiravam tua púrpura e tuas joias de ouro. Mas, desde que começaste a falar do que não sabes, zombam de ti." A Creso, que, numa conversa, interrogava Sólon sobre a felicidade, este último citou, entre os exemplos de bem-estar superior, um obscuro cidadão de nome Telos, assim como Cléobis e Bíton. Mas os bajuladores, não contentes de celebrar a felicidade e a fortuna dos reis, dos ricos e dos notáveis, colocam-nos acima do resto dos homens por sua inteligência, habilidade e virtudes em todos os gêneros.

16 E, depois disso, alguns resmungam diante das teorias dos estoicos que dizem que o sábio une à riqueza a beleza, a nobreza e a soberania. Mas, quando um homem é rico, os bajuladores o proclamam, ao mesmo tempo, orador, poe-

ta, e, se ele o quer, pintor, flautista, hábil corredor, atleta vigoroso; deixarão de propósito que os derrube na luta ou os preceda na corrida, como Críson de Hímera, que se deixou distanciar quando corria contra Alexandre; mas o rei, quando o percebeu, manifestou sua indignação. A única coisa, dizia Carnéades, que os filhos dos reis e dos ricos aprendem convenientemente é montar a cavalo e nada mais, pois, afirmava ele, se no decurso de seu treinamento o professor, cobrindo-os de elogios, os bajula tanto quanto seu concorrente na luta quando se deixa espancar, o cavalo, incapaz de distinguir um simples particular de um notável, ou um rico de um pobre, e bem longe de se preocupar com isso, sacode da sela todo aquele que não sabe montar. Mas que patetices e tolices dizia Bíton, afirmando que, "se se devesse tornar um campo fértil e produtivo a poder de elogios, seria preferível, evidentemente, agir assim a empenhar-se em cavá-lo. Em consequência, não seria despropositado louvar um homem, se os cumprimentos fossem úteis àqueles que os prodigalizam e se o reconhecimento deste último não fosse infrutuoso". Mas um campo não corre o risco de se deteriorar sob os louvores, enquanto elogios falsos e não merecidos podem cegar, levando até à loucura, e perder aquele que por eles é enganado.

A pseudofranqueza do bajulador é uma arma perigosa.

17 Nada mais sobre esse ponto; para prosseguirmos de modo ordenado, vejamos o que se refere à franqueza da linguagem. Quando Pátroclo cingiu a armadura de Aquiles e conduziu seus cavalos ao combate, absteve-se somente de tocar na lança do Pélion e renunciou a usá-la; seria preciso da mesma maneira que o bajulador, enfarpelando-se,

para se disfarçar, com as insígnias e atributos da amizade, se abstivesse de tocar numa única coisa para simulá-la: refiro-me à franqueza linguageira, essa arma distintiva da amizade, essa

"arma pesada, arma forte, e sólida".

Ora, uma vez que, pelo temor de serem traídas no meio dos risos, do vinho, dos sarcasmos, das brincadeiras, essas pessoas tentam elevar sua artimanha até à afetação de uma altiva severidade, exercem sua bajulação com um ar triste, e misturam a suas adulações as opiniões e as censuras, investiguemos ainda, sem omiti-los, os indícios dessa tática. Vê-se, numa comédia de Menandro, um falso Hércules apresentar-se em cena trazendo uma clava que, longe de ser compacta e sólida, tem tudo de factício, inconsistente e oco. Da mesma maneira a franqueza do bajulador, se posta em prova, se revela branda, desprovida de peso e energia. Produz o mesmo efeito que os travesseiros das mulheres, os quais parecem sustentar as cabeças e opor alguma resistência, mas, pelo contrário, cedem e ficam mais baixos precisamente como essa franqueza de má qualidade que não passa de ênfase vã, falsa e enganosa: ela se eleva, amplia-se, de sorte que ao termo de sua queda chega ao nada, fazendo sucumbir aquele que aí repousava com confiança.

A verdadeira franqueza, aquela que caracteriza a amizade, empenha-se em curar as falhas; e a dor salutar e conservadora que causa se assemelha aos efeitos do mel que, embora doce e proveitoso, corrói as úlceras e tem a virtude de purificá-las. Ela será para nós o objeto de uma menção especial.

A franqueza estigmatiza ordinariamente falhas secundárias.

O bajulador, ao contrário, ostenta altivamente azedume, acrimônia e inflexibilidade em suas relações com os outros. É intratável com os domésticos, enérgico em assinalar as falhas de seus parentes e amigos, e, com respeito aos estranhos, não é animado de nenhuma admiração, de nenhum respeito, mas somente de desprezo; rebelde à misericórdia, caluniador, procura exclusivamente excitar os outros à cólera. Ele quer alcançar uma reputação de inimigo do vício, a de um homem que "cederia a uma tal franqueza apenas contra a vontade; ele nunca disse nada; nunca fez nada por complacência". E, contudo, depois disso finge ignorar as faltas reais, as faltas capitais, e nada saber disso. Mas fica furioso quando se trata de se manifestar sobre os pecadilhos leves e exteriores. Vê ele um vaso ou um móvel deslocados, um interior malcuidado, negligência com relação à cabeleira ou vestimenta, um cão e um cavalo não convenientemente tratados? É por tais objetos que revela com violência e veemência seu pretendido zelo. Mas parentes desprezados, filhos abandonados, uma esposa indignamente tratada, próximos desdenhados, um patrimônio dilapidado não o afetam. Fica mudo e tímido. É como um professor de ginástica que deixa o atleta embriagar-se e entregar-se à devassidão, mas que se faz exigente no uso de uma garrafinha ou de um estrigil; ou como um professor de gramática que repreende uma criança por tabuinhas e um estilete e não parece ouvir seus barbarismos e solecismos. Com efeito, o bajulador, diante de um orador lamentável e ridículo, é homem capaz de não se prender ao fundo do discurso, mas de pôr em questão sua voz e de censurá-lo acerbamente sob pretexto de que "estraga sua laringe be-

bendo gelados". Se é encarregado de ler uma obra abominável, queixa-se de que o papel é demais espesso e trata o copista de escrevinhador negligente. Assim, os cortesãos de Ptolomeu, vendo seu gosto pelas letras, disputavam com ele sobre uma questão de vocabulário, um hemistíquio ou uma questão de história e prolongavam a discussão até ao meio da noite, mas, no que tocava à sua crueldade, arrogância, seu tamborim e festas iniciáticas, nenhum deles ousou censurá-lo. Semelhante a um cirurgião que, achando-se diante de um doente que sofre de abscessos e fístulas, empregasse sua lanceta para cortar-lhe os cabelos e as unhas, o bajulador apenas usa sua franqueza com relação a partes que não experimentam aflição nem dor.

A franqueza pode também cair no elogio dissimulado.

18 Outros, ainda mais inábeis que os precedentes, se dedicam a tornar agradáveis a franqueza e as censuras. Assim, Ágis, o Argivo, vendo Alexandre dar a um bufão presentes consideráveis, exclamou, num ímpeto de despeito e descontentamento: "Que indignidade absurda!" O rei voltou-se para ele colérico e perguntou-lhe o que acabava de dizer: "Confesso", respondeu Ágis, "que não posso ver sem raiva e sem indignação que todos vós, filhos de Zeus, vos alegrais igualmente em escutar os que vos bajulam e divertem; de fato, Héracles se deliciava com não sei quais Cércopes; Dionísio, com Silenos; e pessoas da mesma qualidade podem ser vistas com crédito junto de vós." Tendo Tibério vindo um dia ao senado, viu-se um de seus bajuladores levantar-se: "Como somos cidadãos livres", disse ele, "temos o direito de falar livremente, sem nenhuma reticência, sem nenhuma reserva sobre o que diz respeito aos interesses públi-

cos." Esse começo atraiu a atenção e o silêncio de todos os senadores e de Tibério; "César", disse ele, "ouve o motivo de queixa que todos temos contra ti, e sobre o qual ninguém tem a coragem de te falar abertamente. Negligencias demais o cuidado com tua pessoa, comprometes tua saúde, extenuaste com preocupações e trabalhos, por nós, sem descansar noite e dia". Como ele continuava a proferir uma quantidade de palavras desse gênero, o retor Cássio Severo, dizem, exclamou: "Essa franqueza matará este homem!"

Ele censura o contrário das falhas verdadeiras.

19 São as bajulações de menor consequência; mas aquelas de que vou falar são perigosas e fatais se se dirigem a homens pouco habituados a refletir; consistem em acusá-los de paixões e defeitos contrários aos seus. Por exemplo, Himério, o bajulador, sabendo que um rico ateniense era de uma avareza sórdida, censurava-o por sua prodigalidade e sua negligência, chegando a lhe dizer: "Um dia morrereis miseravelmente de fome com vossos filhos." E, ao contrário, àquele que é perdulário e gastador, eles dirigem censuras sobre sua mesquinharia e avareza, como fazia Tito Petrônio a Nero. Se príncipes se comportam com seus súditos com rigor e crueldade, os bajuladores os intimarão a renunciar a essa clemência excessiva, a essa humanidade inoportuna e inútil. Assim ainda manobra aquele que, para bajular um tolo, um poltrão, um incapaz, finge resguardar-se e ter medo dele como de um homem terrível e decidido a tudo empreender. Se um invejoso, gostando sempre de maldizer e censurar, se deixa levar por acaso a fazer o elogio de uma celebridade, o bajulador toma à parte o panegirista e lhe faz guerra, como se se tratasse de doença. "Louvais", diz ele, "pessoas que não

merecem: pois, enfim, quem é este homem, que fez ele, que disse de tão brilhante?" Mas é principalmente quando o amor está em jogo que o bajulador faz seus maiores ataques e inflama aqueles que adula. Se os vê zangados com seus irmãos, cheios de desprezo por seus pais, de negligência por sua mulher, evita dirigir-lhes repreensões ou censuras e excita mais sua cólera: "Tu não sabes te fazer valer; é tua culpa; acuses somente tua obsequiosidade e tua humildade." Mas, se se trata de uma cortesã, ou de uma mulher casada de quem estamos enamorados, e se sentimos um prurido de cólera ou de despeito, o bajulador logo se apresenta com sua franqueza que ostenta um grande brilho. Atiça um fogo já muito ardente, abre processo contra o enamorado, acusa-o de não estar apaixonado e de dar numerosas provas de uma insensibilidade desoladora:

"Ó coração esquecido de beijos tão ternos."

Assim, os amigos de Antônio, vendo que estava apaixonado pela egípcia e a desejava ardentemente, convenciam-no de que era ela que estava enamorada dele, e censuravam-lhe o que eles chamavam sua frieza e seu desdém. "Eis uma mulher", diziam-lhe, "que abandona um tão grande reino e a mais deliciosa maneira de vida, que estraga sua beleza seguindo-te nas guerras, que aceita o papel e a atitude de uma concubina,

Tu abrigas em teu coração pensamentos inflexíveis,

e zombas de suas aflições." Ora, Antônio, lisonjeado pela acusação de injustiça, não percebia que, parecendo querer corrigi-lo, se acabava por pervertê-lo. Uma tal franqueza pode ser comparada às mordidas das prostitutas, que despertam e ativam as sensações voluptuosas por meio do que se creria dever ser doloroso. Da mesma maneira que o

Tomar consciência e jamais se esquecer de que nossa alma é a sede de duas faculdades; uma é dotada de sinceridade, beleza e razão, a outra, desprovida de senso, é um teatro de mentiras e violentas paixões.

vinho puro, remédio soberano aliás contra a cicuta, se misturado a ela se torna ineficaz contra a violência do veneno, porque este é levado prontamente ao coração pelo calor que se desenvolve, assim esses homens perversos, sabendo que a franqueza constitui um auxílio poderoso contra a lisonja, bajulam precisamente por meio da franqueza. Eis por que Bias não respondeu adequadamente a alguém que lhe perguntava qual era de todos os animais o mais nocivo: "Entre os animais ferozes", disse ele, "o tirano; entre os domesticados, o bajulador." Teria sido mais verdadeiro dizer que há bajuladores domesticados que querem partilhar apenas de nossos banhos e de nossa mesa; mas o que leva até aos quartos, até ao gineceu, como tentáculos, sua indiscrição, suas calúnias, sua malícia, esse é selvagem, feroz, intratável.

O único meio de lutar contra o bajulador é tomar consciência das próprias falhas.

20 Evidentemente há apenas uma única maneira de proteção: é tomar consciência e jamais se esquecer de que nossa alma é a sede de duas faculdades; uma é dotada de sinceridade, beleza e razão, a outra, desprovida de senso, é um teatro de mentiras e violentas paixões. Ora, um amigo verdadeiro aconselha e advoga em favor da melhor parte, a exemplo do médico que se propõe manter e fortificar a saúde, enquanto o bajulador, abraçando a causa do irracional e do passional, afaga-a e a excita e, pelo atrativo das volúpias que ele trata de lhe dar, desvia-a e a leva a se subtrair aos poderes da razão. Há alimentos que, sem aumentar a massa do sangue e a intensidade da respiração, sem dar vigor à medula e aos nervos, inflamam os órgãos genitais, debilitam e deterioram a carne. Da mes-

ma maneira o bajulador, cujos discursos são incapazes de fortalecer em nós a sensatez e a razão, sabe tão só nos familiarizar com as volúpias carnais, fazer nascer ardores despropositados, excitar o ciúme, suscitar a elevação insuportável e oca do orgulho, acompanhar nossa aflição com suas lágrimas ou, por calúnias e pressentimentos contínuos, encher de azedume, pequenez e desconfiança uma alma levada à malevolência, à baixeza e à má-fé. Eis uma artimanha pela qual um espírito observador poderá facilmente reconhecê-lo, pois ele sabe que o bajulador espreita, por assim dizer, o primeiro germe de nossas paixões com a intenção de aí se insinuar, e sua presença indefectível assemelha-se à do tumor que cresce sobre as ulcerações ocultas ou os ardores intensos da alma. "Estás encolerizado? Castiga, ele vos dirá. Desejas algum objeto? Compra-o. Tens medo? Foge. Tens suspeitas? Confia." É, talvez, difícil surpreendê-lo nessas espécies de exaltações cuja violência e importância nos tornam surdos à voz da razão; mas, como o bajulador é sempre o mesmo, oferecerá facilmente um meio de agir sobre ele nas pequenas paixões. Se, por exemplo, temendo os efeitos da embriaguez ou de uma boa refeição, hesitais em tomar um banho ou em vos sentar à mesa, um amigo vos reterá e vos recomendará a abstinência e a restrição; o bajulador, ao contrário, ele próprio vos arrasta ao banho e vos faz servir algum novo prato, aconselhando-vos a não vos extenuar fazendo dieta. Se vê que hesitais, por indolência, em empreender uma viagem, uma travessia, ou em praticar uma ação qualquer, ele vos dirá que não é urgente, que é preferível adiar o empreendimento ou enviar outra pessoa. Se prometestes emprestar ou dar dinheiro a um de vossos amigos, e, aborrecido por terdes assumido o compromisso, estais envergonhado de faltar à palavra,

Todos eles querem ter um coro de amigos que cantem com eles e um auditório que os aplauda.

o bajulador fará inclinar a balança do mau lado, pesará vossas resoluções no sentido de vossa bolsa, banirá o pudor que vos detém, alegando que as grandes despesas que fazeis, e a necessidade de abastecer a muita gente, vos obrigam a serdes econômico. Em consequência, se somos evidentemente conscientes de nossas ambições, de nossas indelicadezas e de nossas covardias, é impossível que não desmascaremos um bajulador: é o apologista infatigável de nossas paixões, e o discurso em defesa delas justifica sua franqueza. Mas, sobre essa questão, isso é suficiente.

Os serviços prestados: reconhece-se o bajulador por sua devoção obsequiosa.

21 Passemos agora às cortesias e aos bons ofícios. Aí ainda o bajulador se dedica a confundir e a dissimular bastante a diferença que o separa do amigo, manifestando em tudo sua solicitude infatigável. A conduta do amigo é, segundo Eurípides, simples como uma palavra de verdade, sem rodeios e sem dissimulação; mas, ontologicamente falando, a do bajulador

"sabe remediar pela arte sua própria fraqueza",

assim como por remédios numerosos e, justo céu, excepcionais. Assim, um amigo que vos encontra na rua passa, às vezes, sem dizer uma palavra, ou sem nada ouvir de vós; contenta-se em dar e receber, por um olhar e um sorriso agradável, a demonstração de uma benevolência recíproca, mas o bajulador acorre precipitadamente e vos estende de longe a mão; se o avistais e o cumprimentais primeiro, ele apresenta, para se desculpar de não vos ter visto, as testemunhas e os juramentos. O mesmo acontece nos negócios: os amigos negligenciam com frequência as questões acessórias, porque não querem pôr em sua conduta uma exatidão pueril e indiscreta, nem se oferecer a prodigalizar todas as espécies de serviços. Nosso homem, ao contrário, manifesta presença, é assíduo, perseverante, infatigável e não cede a ninguém o lugar nem a ocasião de vos prestar assistência. Quer ser um "factotum" e, se não receber ordens, fica vivamente irritado, ou melhor, seu desalento e seus protestos ultrapassam todo limite.

Promessas inúteis.

22 Em todos esses indícios ostensivos, os espíritos sensatos podem reconhecer não uma amizade verdadeira e sincera, mas a solicitude afetada de uma cortesã que vos dá um abraço hipócrita. Entretanto, é primeiramente através da prestação de serviços que a diferença se manifesta. Já se disse muito bem antes de nós. Eis como um amigo faz uma promessa:

"Se posso fazê-lo, primeiro, se isso já foi feito, em seguida."

O bajulador vos dirá:

"Tudo o que vos agradar: basta falar."

É justamente esse tipo de gente que os poetas cômicos põem em cena:

"Coloca-me, Nicômaco, diante deste soldado.
Verás se com chicotadas não o torno bem doce,
se não torno seu rosto mais mole que uma esponja."

Aquiescência servil.

Isso não é tudo: um amigo não se associará a nenhum empreendimento, a menos que, consultado antes, tenha examinado a questão e contribuído para orientá-la no sentido do dever e da utilidade. Mas o bajulador, mesmo quando lhe é permitido examinar a questão e discuti-la, pensa somente em se mostrar condescendente e em nos agradar e, temendo ser suspeito de hesitação ou de escapadela, mostra-se tão disposto, tão ardente como vós, em ver a realização de vossos desejos. Com efeito, há bem poucos reis ou ricos que dizem:

> *"Que eu encontre um mendigo, e, se ele quer,*
> *pior que um mendigo que, por devotamento a mim,*
> *vença seu medo e me fale do fundo do coração!"*

Mas, como os trágicos, todos eles querem ter um coro de amigos que cantem com eles e um auditório que os aplauda. Eis por que a Mérope da tragédia dá este conselho:

> *"Escolhe como amigos aqueles que não fazem concessão,*
> *mas que um ferrolho defenda tua corte*
> *dos perversos que, para teu agrado, incensam teu prazer."*

Mas é o contrário que se faz comumente: procura-se fugir dos que não fazem nenhuma concessão em seus discursos e vos contradizem para defender vossos interesses, enquanto a esses vis impostores, que só sabem agradar por bajulações servis, se abre a porta, e eles são recebidos não só sob seu teto, mas ainda no seio de suas paixões e de suas questões mais secretas. Entre esses confidentes, aquele que ainda é inexperiente considera que não tem o direito e que é completamente indigno de dar sua opinião sobre matérias tão importantes; quando muito, seria o auxiliar ou o servidor. Mas o mais astuto atém-se a partilhar vossa irresolução, a franzir as sobrancelhas, a menear a cabeça, guardando o silêncio. Mas, se aquele que o consulta faz conhecer sua opinião, ele exclama: "Por Hércules, ganhaste de mim por pouco: eu ia dizer a mesma coisa." Os matemáticos afirmam que as linhas, em consequência de sua abstração e de sua imaterialidade, não podem curvar-se, estender-se nem mover-se por si, e seguem o traçado, o prolongamento e o movimento dos corpos cujas arestas elas marcam. O mesmo acontece com o bajulador: tu o surpreenderás sempre seguindo o fio de teu discurso, de teus sentimentos, de tuas percepções, e mesmo, na verdade, de tuas cóleras. Nesses pontos pelo menos é bem fácil, portanto, distingui-lo de um amigo, e, mais ainda, na maneira de prestar serviço.

Da maneira de obsequiar.

O devotamento de um amigo, como um ser vivo, contém qualidades intrínsecas, mas evita sobretudo a ostentação e o brilho; e, a exemplo do médico que muitas vezes cura certos doentes sem que eles saibam, o amigo presta-nos serviço por uma intervenção ou transação prudentemente preparada que ele deixa o beneficiário ignorar. Tal era o caráter de Arcesilau. Entre vários outros sinais, citarei este: tendo um dia encontrado Apeles de Quios doente e numa total indigência, veio prontamente revê-lo com vinte dracmas, e, sentando-se à sua cabeceira, disse-lhe: "Não vejo aqui senão os elementos de Empédocles,

o fogo, a terra, a água, o éter puro e leve,

e que não estás muito bem deitado." Ao mesmo tempo, ajeitando o travesseiro, aí colocou por baixo, às ocultas, a bolsa. E, quando a velha que o servia a encontrou e, tendo-se admirado, avisou Apeles, disse ele sorrindo: "É uma sutileza de Arcesilau." E deve-se crer que "são semelhantes a seus pais" os filhos que vos vêm em filosofia. Isso se verificou com Lacides, um discípulo de Arcesilau. Ele assistia um dia com outros amigos à instrução do processo de Cefisócrates; o acusador pedia que ele apresentasse seu anel, o acusado deixou-o cair no chão sem barulho e Lacides, que o notara, pôs o pé sobre o que constituía a única prova e o escondeu; Cefisócrates, absolvido, foi agradecer a seus juízes; mas um deles, que tinha percebido a manobra, pediu-lhe que fosse agradecer a seu amigo e contou-lhe esse rasgo de generosidade que Lacides tinha mantido em segredo. É assim, creio, que os deuses, em cuja natureza está procurar nos benefícios tão somente o prazer de obsequiar, fazem bem aos homens sem que percebam, gostam de lhes ser agradáveis e de os comprazer em vista do próprio ato.

Em sua conduta, o bajulador nada tem de justo, verdadeiro, simples, liberal; sempre suado, grita, agita-se, modifica sua fisionomia e multiplica os sinais de pura aparência, que querem fazer crer numa dedicação útil, laboriosa e solícita. Ele assemelha-se a uma dessas pinturas muito rebuscadas que querem dar a ilusão da vida por cores berrantes, rupturas de pregas, rugas e traços angulosos, e vos importuna contando minuciosamente suas atividades, pormenorizando seus passeios sem rumo, seus cuidados, os rancores que provocou, as dificuldades e provações sem-número que experimentou, de sorte que somos tentados a lhe dizer: "Isso não valia a pena!" Com efeito, um benefício censurado suscita a irritação, perde todo seu valor e torna-se impertinente e intolerável. Ora, os do bajulador, no mesmo instante em que são prestados, parecem trazer em si a censura e nos envergonham. Ao contrário, um amigo forçado a dizer o que fez fala sem rodeios e expõe simplesmente o fato sem falar de si mesmo. Os lacedemônios enviaram aos habitantes de Esmirna a provisão de trigo que eles tinham reclamado; como estes últimos se surpreenderam com essa generosidade, seus benfeitores lhes responderam: "Nada fizemos de extraordinário; com efeito, para reunir esse trigo, ordenamos simplesmente por um decreto que os homens e os animais se privassem de alimentação durante um dia apenas." Essa maneira generosa de prestar serviço é tanto mais agradável aos beneficiários quanto mais os deixa crer que custou pouco fazê-lo.

Os serviços prestados pelo bajulador dispensam a moral.

23 Entretanto, não é somente pela ostentação odiosa de seus serviços ou pela prodigalidade de suas promessas que se pode reconhecer o bajulador, mas é sobretudo pelo uso, bom ou mau, que faz deles e por sua finalidade, seja ela subordinada à utilidade ou ao prazer. De fato, o amigo não deverá seguir a opinião de Górgias segundo a qual é apreciável exigir de seu amigo apenas serviços honestos e prestar-lhe seu concurso, mesmo em serviços desonestos, pois ele quer

"sustentar nossas virtudes, sem favorecer nossos vícios".

Afastar-se-á mais então seu amigo de tudo o que é inconveniente. E, se não se pode persuadi-lo, pode-se fazer-lhe objeção com esta admirável fórmula de Fócion a Antípatro: "Não poderias ter em mim um amigo e um bajulador", isto é, um amigo e um inimigo. Deve-se, com efeito, ajudar seu amigo em seus empreendimentos, mas não em seus crimes; deve-se ser um conselheiro e não um conspirador, um fiador, não um cúmplice, um companheiro de infortúnio, sim, por Zeus, mas não um conivente nos erros. Visto que não convém partilhar com seus amigos a confidência de seus crimes, como se pode preferir colaborar para que eles os cometam e tornar-se seu companheiro de infâmia?

Assim, os lacedemônios, vencidos por Antípatro e negociando a suspensão de hostilidades, propunham aceitar as medidas de represálias mais severas contanto que não tivessem nada de desonroso. Tal é o verdadeiro amigo. É preciso, para vos prestar serviço, fazer a despesa, afrontar o sofrimento e o perigo? Ele é todo zelo e não alega jamais pretexto algum para recusar. O que se exige dele é desonesto? Ele desiste e dispensa-se da participação.

Ao contrário, a bajulação, se se trata de prestar serviços penosos e arriscados, resiste e, se para experimentá-la tu a fazes ecoar, ela produz, refugiando-se atrás de um pretexto, um ruído dissonante e de má qualidade. Mas trata-se de serviços imorais, vis, desonrosos? Podes servir-te dela sem receio de abusar. Esmaga-a: esse tratamento não lhe parecerá duro nem ofensivo. Vês o macaco? Ele não sabe nem guardar a casa como o cão, nem lavrar a terra como o boi; mas suporta os gracejos, os insultos, e tolera ser considerado como objeto de brincadeira e zombaria. Assim é também o bajulador: incapaz de pôr a serviço dos outros sua eloquência, sua bolsa ou sua pessoa, inábil para todo trabalho e para toda aplicação séria, pronto para agir em segredo, fiel medianeiro em caso de paixão secreta, rigoroso na recuperação de uma prostituta, pontual em saldar a conta de um banquete, diligente em ordenar uma refeição, propenso a amabilidades requintadas para com as cortesãs, inflexível e sem-vergonha, se recebe a ordem de expulsar vossa esposa ou de tratar rudemente vossos sogros. Em suma, aí também não é difícil apanhar em flagrante nosso homem: qualquer coisa infame e vergonhosa que se lhe queira ordenar, ele está pronto a esforçar-se para agradar ao que dá a ordem.

Com efeito, alimentar sobre si as mais altas ideias e experimentar ao mesmo tempo esse desejo é dar ao bajulador crédito e razões de audácia.

O bajulador procura afastar
os verdadeiros amigos.

24 Um exame das disposições do bajulador com respeito a nossas relações de amizade será um meio infalível de reconhecer o que o separa do amigo. Aos olhos deste último, com efeito, nada é mais doce que partilhar com muitas pessoas os sentimentos de uma benevolência recíproca; além disso, ele não trabalha sem cessar para que tenhamos muitos amigos e sejamos estimados por todos os que nos conhecem? Persuadido de que entre amigos tudo é comum, julga que nada deve ser tão comum como os próprios amigos. Mas o falso amigo, o amigo bastardo e pérfido, que só pode ocultar o agravo que faz à amizade alterando-a como se faria com a falsa moeda, pratica contra seus semelhantes a inveja que lhe é natural, e procura ultrapassá-los em pilhérias e tagarelice. Por pouco que um sujeito valha mais que ele, ao contrário, ele teme-o e assusta-se, não, por Zeus, "porque irá a pé contra o carro lídio", mas porque ao ouro puro "ele não pode", segundo disse Simônides, "opor o modesto chumbo". Igualmente, sentindo que, em comparação com um amigo verdadeiro, sólido e de boa índole, se reconhecerá como ele é frívolo, falso e trapaceiro, deixa-se confundir e age como aquele pintor que, tendo feito um péssimo desenho de galos, tinha encarregado seu escravo de afastar para bem longe do quadro os galos verdadeiros; nosso homem afasta os verdadeiros amigos e os impede de se aproximar. Se não consegue, finge bajulá-los, envolvê-los, extasiar-se com sua superioridade, enquanto em segredo semeia contra eles calúnias que desperta por seus discursos. E quando esses cochichos começaram a envenenar a ferida, mesmo que o efeito não corresponda imediatamente à sua expectativa, o bajulador guarda fielmente na memória o conselho de Medeio. Este

homem pertencia ao coro de bajuladores de Alexandre; tinha aí o posto de chefe de orquestra, de corifeu-mestre, que tinha conspirado contra as mais honestas pessoas da corte.

Ordenava então a seus subordinados atacá-las ousadamente e atormentá–las a poder de maledicências, afirmando claramente que, quando a ferida fosse curada, a cicatriz da calúnia permaneceria. Foi assim que o coração de Alexandre, minado por esses estigmas, ou mais exatamente por essa gangrena e esses cancros, fez perecer Calístenes, Parmênion e Filotas, e se entregou sem reserva aos engodos de Ágnon, Bagoas, Agésias, Demétrio, que o adoraram de joelhos, o adornaram e o remodelaram à semelhança de um ídolo bárbaro. Tal é o poder das complacências verbais, um poder ainda maior em razão de se dirigir evidentemente a homens que creem ser os maiores! Com efeito, alimentar sobre si as mais altas ideias e experimentar ao mesmo tempo esse desejo é dar ao bajulador crédito e razões de audácia. De fato, na terra os lugares elevados são de abordagem e acesso difíceis para os empreendimentos hostis; em compensação, a elevação e o orgulho que o sucesso ou uma feliz natureza dão à alma são, se o bom senso lhe falta, uma maravilhosa via de acesso à mesquinhez e à baixeza.

Os riscos do amor-próprio.

25 É por isso que, no início deste tratado, recomendávamos que se extirpasse do coração o amor-próprio e a presunção. Pois bem, nós o recomendamos ainda agora, pois é nossa boa opinião sobre nós mesmos que, lisonjeando–nos previamente, nos torna mais vulneráveis à bajulação exterior e para ela nos prepara. Mas, se examinarmos as mil falhas de nossa natureza, dóceis às injunções do deus e considerando o "conhece-te a ti mesmo" como o conhecimento mais

importante a adquirir, se refletirmos sobre nossa educação e nossa instrução à vista do bem, e se observarmos a imperfeição e a confusão da mistura que elas formam, tanto em nossa conduta como nos pensamentos e sentimentos, então nos defenderemos das ciladas dos bajuladores. Alexandre, para cair em si, dizia que sua inclinação para o sono e para o amor, estados que ora rebaixavam sua nobreza e ora o expunham à paixão, o fazia bem sentir que ele não era deus, embora lhe dessem o nome. Quanto a nós, considerando sem cessar nossas eternas torpezas, misérias, insucessos e erros, nós nos apanharemos, por assim dizer, em flagrante delito, e isso de maneira nenhuma se um amigo nos cobre de elogios e flores, mas se nos acusa, se se exprime francamente e nos critica quando, por Zeus, agimos mal.

Da linguagem franca dos amigos verdadeiros.

Mas, em geral, há poucos homens que têm coragem de ser francos com seus amigos e que não procuram de preferência lhes agradar. E, entre esses eleitos, dificilmente encontrarás ainda aqueles que saibam usar oportunamente a franqueza, e não a façam consistir em críticas e repreensões.

Do tato.

Acontece com a franqueza que não tem sucesso o mesmo que com certos remédios: ela aflige, atormenta inutilmente e realiza com dor o que a bajulação sabe nos tornar deleitável. Um elogio descabido vale tanto como uma censura proferida oportunamente: os dois prejudicam. Eis o motivo essencial que nos faz dar o flanco aos bajuladores e nos tornar sua presa: vamos nós próprios ao encontro deles, como a água que corre dos mais rudes declives e dos solos menos movediços para as cavidades de um lamaçal! É preciso então que a linguagem livre seja temperada pela maneira de agir e que se submeta às instâncias da razão. Esta aliás exclui a intensidade viva demais da qual a brilhante franqueza tem o segredo. Sem isso, repelidos e feridos por censores e acusadores impenitentes, iríamos abrigar-nos à sombra dos bajuladores e procurar refúgio num lugar em que a crítica é a coisa menos partilhada do mundo. Com efeito, é pelas virtudes, meu caro Filopapo, que se devem evitar os vícios, e não pelos vícios contrários, como fazem essas pessoas que creem escapar à timidez pela impudência, à rudeza pelo gracejo, e afastar-se tanto mais da indolência e da covardia quanto mais se aproximam da petulância e da arrogância. Alguns, para não serem supersticiosos, caem na impiedade; com receio de serem estúpidos, tornam-se velhacos; e, por não saberem corrigir seu caráter, torcem-no num sentido oposto, como se faria com um pedaço de madeira flexível. É uma maneira muito inconveniente de recusar a bajulação ofender inutilmente, e só pode caber a um homem grosseiro, estranho à benevolência, escapar à baixeza e ao servilismo de toda relação amigável, sob a aparência de um humor ríspido e desagradável. Parece aquele liberto de comédia que imagina que dizer injúrias é gozar do direito de falar com franqueza.

Há uma franqueza eficaz?

Se é vergonhoso tornar-se bajulador procurando agradar, não o é menos entregar-se, para evitar a bajulação, a uma franqueza imoderada, que destrói a amizade e a solicitude. Evitemos esses dois excessos, e que a franqueza, como qualquer outra qualidade, encontre seu ideal no meio-termo.

É nossa boa opinião sobre nós mesmos que, lisonjeando-nos previamente, nos torna mais vulneráveis à bajulação exterior.

Tal é a exposição que, reclamando ela própria sua sequência lógica, impõe visivelmente seu coroamento ao meu Tratado.

Onde a franqueza exclui o interesse.

26 Como verificamos que uma pletora de fatalidades deploráveis acompanha a franqueza, comecemos por eliminar desta o amor-próprio, cuidando, com muita atenção, em não parecer responder de alguma maneira por censuras a ataques ou ofensas que nos atingem mais intimamente. Com efeito, quando alguém fala em seu próprio interesse, parece que age não por benevolência, mas por cólera, e que mais dirige uma censura do que prodigaliza uma lição moral. A franqueza é do domínio da amizade e da nobreza, mas as censuras vêm do amor-próprio e da estreiteza de espírito. É por isso que se concebem sentimentos de respeito e admiração pelos homens que falam com franqueza, enquanto os difamadores excitam o desprezo e a indignação. Por exemplo, Agamêmnon, que se irritava com a linguagem franca de Aquiles, embora parecesse bastante moderado, permitiu que Ulisses o atacasse duramente e lhe dissesse:

"Autor de todos nossos males, devias ter comandado
a outros combatentes sem força e sem virtude!"

Ele deu provas de indulgência e paciência, contido como estava por essas palavras solícitas e sensatas, pois sabia que Ulisses não tinha motivo pessoal para se encolerizar, e falava apenas pelo bem da Grécia, enquanto o outro tirava de si mesmo os motivos de sua animosidade. Todavia, Aquiles em pessoa, que não era "nem doce nem tratável", mas "homem duro, e pronto a acusar até inocentes", permitiu, calado, que Pátroclo lhe dirigisse mil acusações deste gênero:

"Coração impiedoso, não tiveste como pai Peleu, o bom
[auriga,
nem como mãe Tétis: foi o mar glauco que te gerou,
foram as rochas abruptas, porquanto tua alma é feroz."

O orador Hipérides, vendo que seus discursos tinham ofendido os atenienses, pretendia que eles examinassem não se suas palavras tinham alguma coisa de mordaz, mas se eram desinteressadas. Da mesma maneira as advertências de um amigo, quando isentas de toda paixão pessoal, devem ser consideradas como respeitáveis, nobres, incontestáveis. E se, pondo de lado os erros que só dizem respeito a si mesmo, se realçam, com uma inteira liberdade, aqueles que atingem os outros, seria impossível resistir a uma franqueza cuja doçura desse ainda mais peso e mordacidade à advertência. Eis por que se diz com justa razão que, nos impulsos de irritação e nas desavenças que nos opõem a nossos amigos, é preciso procurar sobretudo o que lhes pode ser útil e conveniente.

Não é menos digno de uma amizade generosa, quando nos consideramos a nós mesmos desprezados e esquecidos, falar francamente e intervir em favor de outros amigos que são negligenciados. Foi o que fez Platão quando sentiu a desconfiança e o descontentamento de Dionísio. Pediu-lhe uma audiência e obteve-a. O príncipe estava certo de que o filósofo vinha queixar-se e incriminá-lo, mas Platão falou-lhe mais ou menos nestes termos: "Se soubesses, Dionísio, que um de teus inimigos tinha desembarcado na Sicília com maus propósitos e que a falta de ocasião o impediu de levar a efeito, permitirias que ele voltasse a embarcar e deixaria que saísse impunemente de teus Estados? – Não, sem dúvida, Platão, respondeu Dionísio, pois é preciso odiar e punir a má vontade de seus inimigos tanto quanto seus crimes.

– Mas, replicou Platão, se um homem bem-intencionado tivesse vindo prestar-te um serviço importante e não lhe desses a oportunidade de fazê-lo, crerias estar desobrigado do reconhecimento para com ele e poder tratá-lo com desprezo? – Quem é então o homem de quem falas?, pergunta Dionísio. – É Ésquines, prosseguiu, um dos mais virtuosos discípulos de Sócrates, o mais afável em seus hábitos, o mais capaz de levar ao bom caminho aqueles que o frequentam. Ele atravessou os mares para poder travar contigo relações filosóficas e vê-se negligenciado." Esse discurso impressionou Dionísio de tal maneira que, admirando a grandeza de alma e a nobreza de Platão, o tomou em seus braços e tratou depois Ésquines com deferências e provas de liberalidade.

A zombaria deve ser excluída da franqueza.

27 Em segundo lugar, devemos, de alguma maneira, varrer todo traço de insolência, ridículo, gracejo ou zombaria: são apenas maus paliativos a serem eliminados de toda linguagem franca. Um cirurgião, procedendo a uma incisão, tem necessidade de se servir de muita delicadeza e rigorosa destreza, e sua mão deve evitar toda negligência, todo gesto minucioso demais que a faria tremer, ferir ao lado, desviar-se. Da mesma maneira, a franqueza pode admitir habilidade e elegância, contanto que a benevolência preserve a dignidade; mas o orgulho, a acrimônia e a brutalidade, se aparecem, destroem-nas e assinalam seu desaparecimento. Por essa razão, foi irreplicável e espirituosa a reflexão daquele tocador de lira que fechou a boca a Filipe (ele tinha procurado disputar com ele sobre a maneira de ferir as cordas): "Soberano", disse ele, "o céu vos livre de serdes assaz infeliz para saberdes isso melhor

que eu!" Mas Epicarmo não respondeu tão corretamente a Hieron, que o convidava a jantar poucos dias após ter mandado matar vários de seus amigos. "Não me convidaste há pouco, quando sacrificaste teus amigos." Foi igualmente deplorável a resposta de Antifonte que, enquanto se discutia na casa de Dionísio para saber qual era o melhor bronze, respondeu: "Aquele de que os atenienses se serviram para fundir as estátuas de Armódio e Aristógiton." O que essas censuras têm de amargo e cáustico não corrige, e o que têm de grotesco e fútil está longe de divertir. Ora, esse gênero de atitude procede de uma falta de domínio, mesclada de violência e maldade, acompanhada de ódio. Adotando-a, provoca-se sua própria perda, por ter, como se diz, "dançado perto demais do poço". De fato, Dionísio mandou matar Antifonte. Timágenes perdeu a amizade de César, não que lhe tivesse falado algum dia com uma linguagem livre, mas porque nos banquetes e colóquios, sem ter a menor intenção séria, mas somente com o propósito "de divertir os argivos", ele se permitia a cada instante brincadeiras ofensivas, que julgava autorizadas pela amizade. Os Cômicos, com certeza, compuseram para a cena numerosíssimas e severas críticas satíricas que visavam à política, mas, aí misturando zombaria e pilhéria, assim como se mistura a vários alimentos um molho picante, tiravam à franqueza sua eficiência e utilidade. Elas conferiam aos poetas uma reputação de maldade e impudência, enquanto o público não tirava nenhum proveito desses discursos. Além disso, deve-se sempre, naturalmente, levar a seus amigos o divertimento e o riso; mas que a franqueza guarde sua gravidade e seu caráter habitual, e, quando se trata de assuntos mais importantes, é preciso que o tom, o gesto e a dignidade do discurso acarretem a confiança e a persuasão.

A perda do momento oportuno faz sempre abortar as maiores coisas, mas torna sobretudo inútil a franqueza; deve-se então evitar isso, no vinho e na embriaguez, pois evidentemente cobrir de nuvens a serenidade de um belo céu é misturar ao divertimento e ao bom humor que aí reinam palavras que fazem franzir as sobrancelhas e espalhar a tristeza sobre os rostos; é declarar-se o inimigo do deus libertador que, segundo Píndaro, "desata a cadeia das expectativas penosas". Aliás, esse contratempo comporta um inconveniente grave: o vinho leva à cólera e acontece frequentemente que a embriaguez, em contato com a franqueza, gera o ódio. Em suma, há mais covardia que nobreza e coragem em se calar, quando se está sóbrio, e em só falar livremente no meio de uma refeição, como os cães poltrões que jamais latem tanto como em torno da mesa. Mas é inútil insistir sobre esse ponto.

A franqueza deve concernir aos homens favorecidos da sorte.

28 Visto que muitos não pretendem advertir os amigos na prosperidade e não ousam fazê-lo, no mínimo consideram que o êxito é absolutamente inacessível às admoestações e se situa fora de seu alcance; em compensação, se seus amigos sofreram alguns reveses que os abatem e os humilham, eles os atacam. Estão caídos no chão e ao alcance de golpes? Pisoteiam-nos e disparam sobre eles, como uma torrente refreada em seu curso, a cascata vertiginosa de sua linguagem franca, felizes como estão de aproveitar esse revés de fortuna para se vingarem dos menosprezos recentemente sofridos e de sua fraqueza de então. É por isso que não é inconveniente se estender um pouco sobre a questão e responder à fórmula euripidiana:

"Para que servem os amigos, quando se tem o sucesso?"

De fato, são sobretudo as pessoas felizes que precisam dos amigos que falam com franqueza e rebaixam o excesso de seu orgulho: pois há poucos homens que se mantêm sensatos na prosperidade. A maioria tem necessidade de um bom senso de empréstimo, e de raciocínios que, vindos de fora, reprimem neles o enfatuamento e a agitação causados pelos grandes sucessos. Mas, quando a fortuna deita abaixo seu orgulho com sua prosperidade, o próprio revés é uma admoestação muito forte para levá--los ao arrependimento. Eles não têm mais necessidade, então, da franqueza do amigo nem de censuras severas e mordazes. Mas, na verdade, nessas espécies de reveses,

"é doce encontrar um olhar benevolente",

o de uma pessoa cuja presença nos consola e reconforta. Assim, no meio dos combates e perigos, segundo Xenofonte, o rosto doce e humano de Clearco suscitava mais coragem diante do perigo. Mas pronunciar palavras mordazes, e contudo plenas de franqueza, dirigidas a um homem infeliz equivale a submeter um olho doente e infectado a uma luz viva demais. Longe de curar ou aliviar seu mal, irrita-se, extenua-se um coração já magoado. Assim, um homem que passa bem de saúde, por exemplo, escuta tranquilamente um amigo que o censura, não fica absolutamente irritado nem impaciente pelas admoestações de um amigo que lhe faz observar suas ligações e patuscadas, sua preguiça em praticar esporte, a frequência de seus banhos, suas festanças intempestivas. Mas está ele doente? Vós vos tornais insuportáveis, agravais vosso mal, dizendo-lhe que ele deve seu estado à intemperança e à indolência, à boa comida e às relações com as mulheres: "Como és importuno, meu pobre homem!", exclamará. "Faço meu testamento; os médicos preparam-me castóreo ou escamônea e tu, tu me dás lição e me pregas moral." É que não convém aos infelizes nem franqueza nem sentenças morais, mas palavras doces e consoladoras. Com efeito, quando as crianças caem, as amas não acodem com a intenção de repreendê-las, mas procuram erguê-las, limpá-las, acalmá-las; e somente depois é que pensam nas punições e nas censuras. Conta-se que Demétrio de Falera, banido de sua pátria e levando uma vida de abandono e miséria nos arredores de Tebas, viu um dia com pesar aproximar–se Crates, de quem temia a liberdade cínica e o discurso rude. Ora, este o abordou com doçura e disse-lhe que o exílio não era uma condição desagradável com que devesse afligir-se, pois que o livrava da incerteza e da inconstância das coisas; ao mesmo tempo, exortou-o a procurar em si mesmo sua força e seu consolo. Demétrio, encantado com seus discursos, e retomando coragem, disse a seus amigos: "Ah! Como eu deploro hoje os cuidados e os trabalhos que me impediam de apreciar um tal homem!":

> *"Um amigo indulgente conforta o aflito,*
> *mas sabe contradizer um espírito insensato."*

É assim que agem os amigos generosos. As almas vis e inferiores, os aduladores da prosperidade assemelham-se, como diz Demóstenes, "às fraturas e entorses cuja dor se aviva com o menor acidente". Insultam-vos nos reveses e parecem fruir prazerosamente deles. De fato, se alguém necessita de uma observação nas ocasiões em que, por sua própria culpa, sofreu um revés por ter sido mal aconselhado, é suficiente dizer:

> *"Eu era, tu sabias, de opinião inteiramente contrária;*
> *para te dissuadir fiz todo o meu possível!"*

A ocasião é mãe da franqueza.

29 Em quais circunstâncias, pois, um amigo deve mostrar-se insistente e quando deve usar o tom da franqueza? Quando, sofrendo as investidas da volúpia, da cólera ou da violência, tem a ocasião de reprimir a cupidez ou de se opor a uma louca inconsciência. É assim que Sólon, vendo Creso orgulhar-se de uma felicidade efêmera, advertiu-o que pensasse em seu fim incerto. Da mesma maneira, Sócrates, esse censor de Alcibíades, soube contê-lo, comovendo-o até as lágrimas, e afligiu-lhe o coração. Tais foram as advertências de Ciro a Ciaxares ou de Platão a Dionísio. Na época feliz em que este último atraía, pela beleza e pela grandeza de seus feitos, a admiração do universo, esse filósofo o advertia que tivesse cautela, com temor "de uma confiança presunçosa que é vizinha da solidão". Espeusipo também lhe escrevia que não devia orgulhar-se quando as mulheres e as crianças proclamavam seus louvores, mas tratar de dar à Sicília o adorno da piedade, da justiça e de uma excelente legislação para dignificar a Academia. Eucto e Eulaio, companheiros de Perseu, não o deixavam no tempo de sua prosperidade e não cessavam de agradar-lhe em tudo e de seguir sua opinião. Mas, quando ele foi vencido e posto em fuga pelos romanos na batalha de Pidna, cumularam-no das mais amargas censuras, e lembraram-lhe minuciosamente seus erros e negligências nos termos mais ofensivos, a tal ponto que esse infeliz príncipe, indignado de dor e cólera, matou os dois com seu punhal.

30 Essas, pois, são em geral as ocasiões em que se deve falar livremente; mas não convém negligenciar aquelas que nossos amigos nos oferecem. Muitas vezes, uma pergunta, um relato, a censura ou o elogio, atribuídos aos mesmos atos a respeito de pessoas diferentes, dão-nos uma abertura natural para falar com franqueza. Conta-se que Demarato, por exemplo, foi de Corinto à Macedônia na época em que Filipe estava em conflito com sua mulher e seu filho. Como esse príncipe, após uma acolhida calorosa, lhe tinha perguntado se os gregos viviam em acordo entre eles, Demarato, que era para ele um amigo devotado, replicou: "Olha que pergunta, Filipe, indagar da concórdia dos atenienses e dos peloponésios e ver com indiferença teu próprio palácio em que reinam as dissensões e os conflitos." Boa atitude também a de Diógenes que, tendo vindo ao acampamento de Filipe quando este último marchava contra os gregos, foi conduzido diante do príncipe que, não o conhecendo, lhe perguntou se era um espião. "Um espião, Filipe, sim", respondeu, "que veio para observar tua imprudência e tua loucura, que fazem, sem nenhuma necessidade, que jogues nos dados, no espaço de uma hora, tua coroa e tua vida."

31 Essa resposta era talvez livre demais; mas uma outra ocasião favorável para repreender seu amigo é aquela em que ele se torna humilhado e embaraçado pelas censuras que outros lhe fizeram a respeito de seus erros. É uma circunstância que poderia utilizar um homem de tato que, afastando para bem longe os censores, chamasse ele próprio à parte seu amigo para lhe fazer entender que, na falta de outras razões, deve cair em si, pelo menos para evitar a arrogância de seus inimigos: "Em que têm eles motivo para abrir a boca, que têm a dizer-te se negas, se rejeitas o que te acarretam essas críticas?" Assim, com efeito, se o insultador fere, o admoestador presta serviço. Alguns com mais elegância reconduzem seus amigos ao bom caminho criticando terceiros, pois é nos outros que estigmatizam os comportamentos que sabem ser os de seus amigos. Nosso mestre Amônio notou um dia, durante a aula da tarde, que

Fica-se

profundamente

penalizado e

indignado, quando

se é humilhado

diante das pessoas

aos olhos das quais

se pretende brilhar.

alguns discípulos tinham tido um almoço copioso; ordenou então a seu escravo liberto que infligisse um castigo a um pequeno cativo de sua propriedade, acrescentando: "Não há almoço!" Dizendo isso, lançou sobre nós uma espiadela, a fim de que os culpados tomassem para si a censura.

A franqueza é geralmente acompanhada de discrição.

32 Evitemos ainda criticar nossos amigos em público, e meditemos esta tirada de Platão. Vendo Sócrates censurar com muita vivacidade um de seus discípulos no decorrer de um banquete, ele lhe disse: "Não seria preferível fazer-lhe essas censuras em particular?" Sócrates então replicou: "E tu? Não podias esperar que estivéssemos sós, para me dizeres isso?" Diz-se que Pitágoras fez publicamente a um de seus jovens discípulos uma reflexão tão violenta que o rapaz se enforcou de desespero. Depois desse acontecimento, o ilustre homem a ninguém mais censurou diante de testemunha. O vício, com efeito, é uma doença vergonhosa que deve ser tratada e revelada em segredo, e não em público, com ostentação e reunindo testemunhas e espectadores. É próprio de um sofista e não de um amigo fazer-se valer, graças aos erros alheios, e pavonear-se como esses charlatães que fazem suas operações nos teatros para obter clientes. É sem brutalidade (e é justo não recorrer a ela em nenhuma terapia) que se deve considerar o aspecto relutante e impertinente do vício. De fato, não é simplesmente "o amor que, censurado, se torna mais opressivo ainda", como diz Eurípides, mas são todos os vícios e todas as paixões que, depois de censurados rigorosamente em público, são levados à insolência. Platão quer que os velhos, para inspirar respeito aos jovens, respeitem a estes primeiro. Da mesma manei-

ra, a franqueza dos amigos, cheia de escrúpulos, é aquela que inspira mais vergonha. A delicadeza e a doçura com as quais se tenta persuadir um culpado corroem e destroem seu vício, que se enche de embaraço diante do retraimento de que se dá prova. É por isso que este verso é excelente:

"Ele aproxima sua cabeça, a fim de que ninguém perceba."

Nada, por exemplo, é menos conveniente que revelar os erros do marido quando a mulher ouve, do pai sob os olhos de seus filhos, do amante diante do ser amado. Fica-se profundamente penalizado e indignado, quando se é humilhado diante das pessoas aos olhos das quais se pretende brilhar. Se Clito irritou Alexandre, não foi tanto, creio eu, por causa de sua embriaguez como pela afronta de se ver censurado publicamente. Aristômenes, governador do rei Ptolomeu, tendo despertado esse príncipe, que pegava no sono enquanto dava audiência a embaixadores, forneceu aos bajuladores a ocasião de perdê-lo; e, fingindo a mais viva indignação, como se a honra do príncipe tivesse sido atingida, disseram-lhe: "Se tantas fadigas e vigílias te fizeram pender a cabeça, é em particular que se deve advertir-te, e não querer levantar a mão contra ti diante de uma tão vasta assembleia." E o príncipe mandou enviar a seu mestre uma taça de veneno com ordem de bebê-lo. Aristófanes conta-nos que Cléon o acusava de "falar mal da Cidade na presença de estrangeiros" e que assim excitava os atenienses ao rancor. Não empreguemos, então, jamais a franqueza diante dos outros se não desejamos brilhar em público ou arrastar as multidões, mas usar a linguagem franca com fins úteis e curativos.

Necessidade da autoridade moral.

Quem quer que fale com franqueza deveria poder aplicar a si próprio estas belas palavras que Tucídides põe na boca dos coríntios, quando dizem de si mesmos "que são dignos de lançar a censura sobre os outros". Um enviado de Mégara, na assembleia dos confederados, proferia verdades em nome da Grécia. "Teus discursos", dizia-lhe Lisandro, "tinham necessidade de uma cidade." Igualmente se pode dizer que a franqueza tem necessidade de costumes puros, e nada é mais verdadeiro para quem se ocupa de censurar os outros. Platão dizia que a vida de Espeusipo era uma lição contínua. Assim, quando Pólemon entrou no curso de Xenócrates, só pelos olhares desse filósofo caiu em si e foi levado novamente à virtude. Mas se um homem frívolo e sem valor moral se põe a falar com franqueza pode-se objetar:

"Todo coberto de pústulas, queres cuidar dos outros."

Devemos incluir-nos na crítica que dirigimos aos outros.

33 Entretanto, como é frequentemente a pessoas sem valor moral relacionadas com interlocutores da mesma espécie que as circunstâncias levam a fazer advertências, a maneira mais conveniente de fazê-lo seria envolver-nos e incluir-nos de algum modo na censura, quando usamos de franqueza. É nessa perspectiva que se diz:

"Filho de Tideu, que nos acontece
Para que tenhamos esquecido nosso coração tão
[impetuoso?"

e

"Apenas contra Heitor nossas mãos são impotentes."

Citaremos também Sócrates, que advertia os jovens de seus erros, desenvolvendo precauções infinitas. Parecia estar como eles na ignorância e aplicar-se à prática das virtudes e à busca da verdade. Concede-se, com efeito, sua confiança e sua amizade àquele que parece cometer os mesmos erros que nós, e querer corrigir seus amigos como alguém o faz a si próprio. Mas aquele que se faz passar por um homem incensurável e isento de toda paixão, a menos que tenha sobre nós uma grande superioridade de idade ou um prestígio reconhecido de virtude e de glória, torna-se odioso, insuportável, sem ser útil. Bem habilmente, então, Fênix contou seus próprios infortúnios, os de um homem levado pela cólera a tentar matar seu pai, projeto que logo abandonou por temor

"de levar entre os gregos o nome de parricida".

Ele não quer, advertindo Aquiles, deixar crer que ele próprio foi incapaz de se entregar à cólera e que era irrepreensível. Essas espécies de admoestações penetram o coração de maneira persuasiva, e cedemos sem dificuldade àqueles que, longe de nos menosprezar, parecem condescender com nossas fraquezas.

Pode-se introduzir um elogio discreto na crítica.

Um olho inflamado não pode suportar o dia claro, nem uma alma afetada de uma paixão violenta, uma censura sem concessão feita com franqueza demais. O meio mais seguro de fazê-la receber tal admoestação consiste em introduzir nesta última algum louvor discreto, como nestes versos:

"Não é honroso abandonardes vosso vigor ardente,

*vós todos aqui os melhores do exército. Eu, por mim, não
entraria em contenda com um guerreiro sem valor que
abandonasse a guerra;
mas por vós sinto uma indignação profunda."*

e ainda:

*"Pândaro, onde estão, pois, teu arco, tuas flechas aladas
e tua fama que aqui ninguém iguala?"*

E é bem evidente que exortações como estas revigoram os espíritos desanimados:

"Onde estão Édipo e seu famoso enigma?"

e

"É assim que se exprime a sombra do grande Hércules?"

Com isso não somente se abranda o que a censura
tem de duro e imperioso, mas enche-se de emulação um
coração que com a lembrança das belas ações se envergonha de seus erros e toma a si mesmo como modelo do
bem que deve fazer.

Evitar louvar um terceiro criticando outro.

Quando, ao contrário, pomos em paralelo outras
pessoas, por exemplo, da mesma idade, da mesma cidade, ou da mesma família, a obstinação natural do vício
revolta-se e exaspera-se; muitas vezes ela se compraz em
responder com cólera: "Por que então não ir ter com essas
pessoas que têm mais valor que eu? Não cessarás de me
importunar?" Evitemos, pois, censurando alguém, fazer o
elogio de um outro, a menos, por Zeus, que seja o de um
pai, como faz Agamêmnon:

"*Como o filho de Tideu é pouco digno dele!*"

e Ulisses na tragédia dos Círios:

"*E tu, que deslustras o magnífico brilho da raça,
Fias a lã, tu que tens como pai o mais valente dos
[gregos.*"

Evitar a polêmica.

34 Nada é menos conveniente ainda do que opor censura à censura e franqueza à franqueza. É o meio de acender logo a cólera e fazer nascer a desavença. Conflitos desse gênero caracterizam, em geral, não uma franqueza recíproca, mas a franqueza de um homem que não suporta a dos outros. É melhor, pois, receber com tolerância as admoestações de um amigo; e, se ele próprio, mais tarde, por ter caído em algum erro, tem necessidade de nossa advertência, a franqueza que usou conosco autoriza a nossa para com ele. Tem-se o direito de lembrar-lhe, sem o menor ressentimento, que ele próprio tem o costume de apresentar livremente a seus amigos seus erros e que esses foram o objeto de suas censuras e advertências; e essa lembrança o tornará mais afável e mais paciente com uma correção que sente ser ditada não por um desejo de represálias e recriminação, mas por um sentimento de benevolência e amizade.

Deve-se reservar a crítica
para os casos excepcionais.

35 Acrescentemos esta tirada de Tucídides: "Quando se realizam grandes projetos, incorre-se na hostilidade dos outros." Da mesma maneira, um amigo pode correr o risco

Assim, Diógenes dizia que, "se se quer encontrar a salvação, deve-se ter bons amigos e ardentes inimigos, porque os primeiros vos dão lições e os segundos vos censuram".

de desagradar por suas advertências, quando o objetivo é importante e absolutamente excepcional. Se, ao contrário, tomando menos o tom de um amigo que o de um pedante, fica de mau humor a propósito de tudo e contra tudo, suas advertências nas conjunturas capitais perderão sua força e seu efeito, porque terá abusado da franqueza como um médico que aplica a doenças insignificantes um medicamento acre e amargo, mas indispensável e oneroso, que se dá apenas nos casos mais críticos. Evitará, pois, com cuidado essa propensão para a censura. Se um outro, salientando as menores particularidades, quer fazer de tudo um crime, isso será para ele um motivo para censurar os erros mais consideráveis. O médico Filótimo disse um dia a um doente acometido por um abscesso no fígado e que lhe apresentava um dedo cheio de pus: "Meu amigo, não é no panarício que reside teu problema." Pois bem! pode apresentar-se também a um amigo a ocasião de dizer a um homem que faz reparos sobre coisas sem importância e sem valor: "Por que estamos falando de brincadeiras, bebidas e ninharias? Que ele mande embora, meu caro, sua amante e deixe de jogar dados. Quanto ao resto, julgaremos que é um homem admirável." Perdoar facilmente os pequenos erros é adquirir o direito de censurar os maiores sem desagradar. Mas aquele que, como verdadeiro modelo de acrimônia e de amargura, faz observar tudo escrupulosamente e se ocupa de tudo, torna-se insuportável a seus filhos, a seus irmãos, e detestável mesmo a seus escravos.

Sejamos benevolentes na crítica.

36 Como nem tudo na velhice é desagradável, segundo Eurípides, assim também não se encontram todos os males reunidos nas imperfeições de nossos amigos. Deve-se en-

tão observar não só o mal, mas ainda o bem que podem fazer, e começar por louvá-los de bom grado. Quando o ferro foi amolecido e dilatado pelo fogo, dá-se-lhe a têmpera, que o torna mais compacto. Da mesma maneira, quando os amigos estão de bom humor e inflamados pelo elogio, pode-se dar, por assim dizer, uma boa têmpera à sua alma, empregando com doçura a franqueza. É o momento de lhes dizer: "Tuas últimas ações são dignas das primeiras? Vês que bens produz a virtude? Eis o que exigimos nós, teus amigos, aí está o que é apropriado para ti; para isso nasceste; aquilo, ao contrário, deve ser rejeitado

nos montes ou na espuma do mar bramador."

Com efeito, como um médico compassivo pode querer expulsar a doença de seu paciente pelo sono e pela alimentação, de preferência ao uso do castóreo e da escamônea, assim também um amigo verdadeiro, um pai terno, um bom preceptor, quando quiser corrigir-nos, preferirá sempre o louvor à censura. Nada torna as censuras menos penosas e mais salutares do que evitar a exaltação e empregar o tom da doçura e da afeição. Não se deve nem acusar duramente os que negam seu erro, nem se recusar a ouvir sua justificação, mas, ao contrário, sugerir-lhes meios honestos de defesa, fechar os olhos sobre o que sua causa tem de desvantajoso para vê-la somente sob uma luz favorável. É o que faz Heitor, dizendo a seu irmão:

"Não convém, infeliz insensato,
pôr no coração uma tal cólera."

Ele faz considerar sua retirada do combate não como uma fuga, mas como um efeito de sua exaltação. Nestor faz o mesmo quando diz a Agamêmnon:

"Mas tu cedeste ao arrebatamento de uma alma
[magnânima."

Não é mais honesto dizer: "Não refletiste", ou "Não sabias" do que dizer "Cometeste uma injustiça, uma ação indigna", ou ainda: "Não questiones com teu irmão" de preferência a "Não invejes teu irmão" e "Evita esta mulher que te perde" de preferência a "Deixa de corromper esta mulher"?

A eficácia da franqueza imediata.

Eis aí como a franqueza deve reparar o mal já cometido; mas trata-se de preveni-lo? Ela comporta-se ao contrário. É preciso, por exemplo, afastar alguém de um erro que vai cometer, reprimir uma paixão desenfreada, dar força e energia a uma alma fraca e indolente que visa a uma ação notável? É então que se devem apresentar-lhe com veemência os motivos indignos que a fazem agir: como Ulisses, em Sófocles, para irritar Aquiles, lhe diz que sua cólera não é causada pela refeição, mas pela "vista assustadora das muralhas de Troia"; e como Aquiles, indignado, ameaça tornar a embarcar, Ulisses acrescenta:

"Eu sei o que evitas; não é ouvir ofensas,
mas que Heitor esteja perto; é belo encher-se de cólera!"

Eis como, mostrando ao homem enérgico e corajoso a desonra da covardia, ao homem casto e sensato a da incontinência, a um coração generoso e magnífico a da mesquinharia e da avareza, nós os afastamos do vício e os levamos à virtude. Nos casos em que não há mais remédio, é preciso falar com doçura, de sorte que as advertências pareçam menos concernir à censura que à compaixão e ao pesar. Mas trata-se de prevenir as quedas e combater paixões que dominam? É o caso dessa franqueza verdadeira, que não usa cautela. Censurar os erros cometidos é o que fazem comumente os inimigos. Assim, Diógenes dizia que, "se se quer encontrar a salvação, deve-se ter bons amigos e ardentes inimigos, porque os primeiros vos dão lições e os segundos vos censuram". Ora, é preferível evitar erros, ouvindo os conselhos, a ser levado, sob o efeito da reprovação, ao arrependimento de tê-los cometido. É uma razão suplementar para mostrar habilidade, mesmo quando se fala francamente, pois a franqueza é na amizade o remédio mais poderoso e mais eficaz, que requer continuamente e no mais alto grau um espírito oportunista e um temperamento cheio de doçura.

Do apaziguamento.

37 Como a franqueza é muitas vezes penosa para aquele que se quer curar, devem-se imitar os médicos. Quando eles praticam uma incisão, não abandonam à sua dor e ao seu sofrimento a parte doente: aplicam com doçura lavagens e compressas. Da mesma maneira, aqueles que sabem advertir com habilidade não se retiram após ter lançado censura severa e mordaz. Mas, por conversas de um outro gênero, por palavras amáveis, adoçam e diluem a amargura de suas palavras. Assim fazem os artistas que talham a pedra, quando dão polimento e brilho às partes das estátuas que, a poder de golpes, foram talhadas. Mas, se, com o golpe da franqueza, se fere até deixar cicatrizes, se, quando o paciente está exasperado, só se permite que ele escape após tê-lo coberto de tumores e contusões, a cólera o impedirá de voltar, e as palavras já não agirão sobre ele. Está aí, pois, um erro que se deve, acima de tudo, pôr de parte. Evitemos, então, com o maior cuidado, quando advertimos nossos amigos, abandoná-los o mais rápido possível e terminar nossa conversa com palavras mordazes que possam humilhá-los.

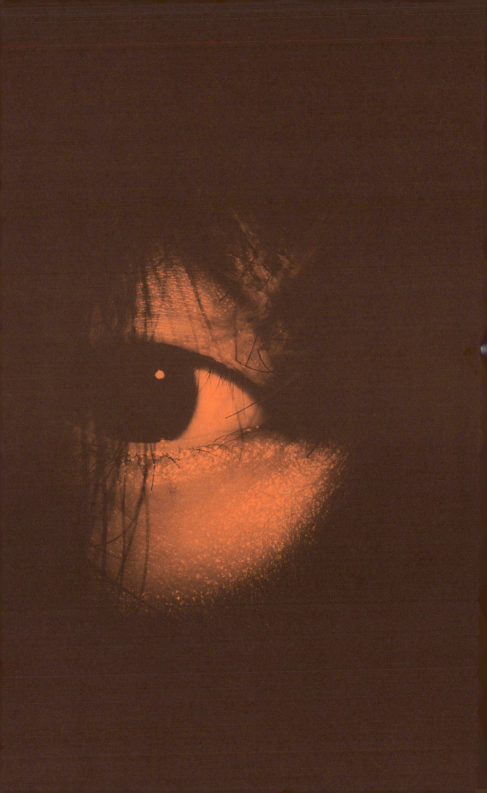